菲爾·瓊斯——著　　　**PHIL JONES**　　　譯——陳依萍

WORK　WITHOUT　THE　WORKER

Labour in the Age of Platform Capitalism

為 演算法服務 的 免洗人力

平台資本主義時代的勞動與剝削

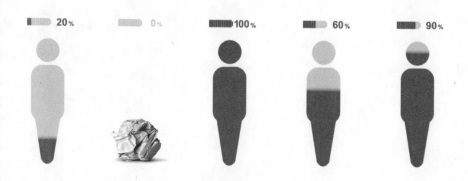

致伊莎（Isa）

推薦序

巨平台 vs 微工作：
消失的勞動或甦醒的人性？

侯勝宗

　　平台是一種全新的商業模式，用科技把人、組織和資源連結起來，形成媒合與共創的商業生態體系。平台正不斷改變現代人的生活，也在商業競爭中扮演重要角色，特別是對工作樣貌與聘僱關係的影響。台面上的主流平台業者大多信仰資本主義，創造出大量的人力即服務（human as a service，HaaS，本書譯為「人即勞務」）的獨立承攬人員，最後導致的是平台資方的贏家通吃，形成更大的巨平台（mega platform），並大幅弱化了參與平台的勞務投入者。所以近年來，許多知識份子開始反思如何將平台從「資本主義」引導走向「合作主義」。本書正是在此一脈絡下所誕生的一本好書。

　　反思平台的核心結構問題，可以發現目前平台的運作精神

為「平台資本主義」（platform capitalism）。平台大多為全球
大型公司所主導，不但運作欠缺透明，亦往往向資本傾斜。資
本家運用人工智慧科技將大量工作微型化，掌握價與量的發牌
權。為了追求經濟效率與上市速度，以數位化方式將傳統完整
工作拆解成許多微小工作包，再用網路發包給全球各地的勞動
者，以隱晦的方式來剝削全球的零工勞動力，從雙邊或多邊媒
合中來壓低勞工成本，創造市場利潤。其實這樣的現象並非新
鮮事，類似「以量制價」來剝削無議價力的勞工情況在過往數
十年、甚至百年前的資本主義社會也經常出現，如同作者在本
書中所描述的許多案例一般。但物極必反，在十九世紀的英
國，很多勞工活在低薪資、長工時、工作環境惡劣的困境
中；為了反抗資本家的剝削，便有工人改採合作形式開設合作
社商店，集體共同投資、共同經營、共同勞動，以抵抗資本家
的剝削。近年來開始有越來越多勞動者抵抗主流商業平台的剝
削，由勞動者共創共營平台來掙脫資本的桎梏，俗稱它為
「平台合作主義」（platform cooperativism）。

　　唯此種以勞方合作的共同經營來抗拒資方的主宰，需要有
大量科技運算與資本投入作為關鍵的互補性資源，單靠勞方合
作意願與有限的資源，實難以長期有效支撐平台生態體系，形
成規模經濟與網路外部性，故難以成為主流。故「平台資本主

義」仍然持續主導世界平台化的運作，更多地將工作拆解，採用網際網路和國際化分工二大手段，將大型工作專案拆解成極小的工作串，以平台方式快速分包給全球的自由工作者。此種由平台科技所創造數以億計的大量微工作，誕生出現代版的新數位貧民——一群低薪、缺乏工作權保障，且面對著廣大卻看不見的全球勞動者的競爭壓力，我將這樣一群靠平台接單維生的人稱為「數位勞動蟻民」。而諷刺的是，因為有這一群數位勞動蟻民，才得以讓我們每一個人能夠享受數位生活與平台媒合的所有服務，包含 Google 地圖查詢、自駕車代勞、Amazon 購物、Siri 語音助理……。此種反思平台資本主義如此藉由演算法將勞工物件化的反思，並為這一群數位勞動蟻民發聲，正是作者書寫本書、大聲疾呼之目的。

　　其實這個現象是可以預測的。當科技化和國際化將世界變更平、更熱的時候，同時也預表產業分工越來越細、自動化（無人化）越來越高、權力越來越傾斜、財富收入越來越不均，大量勞動者也逐漸變成少數平台資本家的「數位佃農」。作者在本書中所提及的 Clickworder、MTurk、Samasource、Appen 等外包平台就是零工經濟工作者所寄生的「數位農場」，也是所謂被世界銀行包裝為「微型創業者」，但卻是被消失工作的華麗詞藻。

　　本書作者瓊斯（Phil Jones）任職於英國薩塞克斯大學
（University of Sussex），擔任博士研究員，同時也是《衛報》
（*Guardian*）、《新政治家》（*New Statesman*）、《倫敦書評》
（*London Review of Books*）和「開放民主」（openDemocracy）
的專欄作者。從作者的論述和文筆來看，他明顯是一位關心科
技發展與勞工權益，並且略為偏左派的知識工作者。這也可以
從他是 Autonomy Digital hub 成員看得出來。Autonomy Digital
hub 是一家由德國聯邦教育與研究部所發起的非營利研究組
織，致力於推動個人數位主權和自決，並協助政策制定者如何
確保個人資料的使用、處理與控制。

　　中國人說：「水能載舟，亦能覆舟。」在接下來的巨平台
與微工作交互影響與演化路徑上，未來究竟是勞動工作者被科
技所消滅，還是科技造福勞動工作者，這將是人類如何用集體
智慧，讓平台走向「資本主義」或「合作主義」的關鍵決
定，也是人性是否經得起利益檢驗的時刻。如同作者在書中後
記所下的結語：在越多自動化科技發展下，未來微工作者的主
要角色就是產出資料，並自動化掉自己的工作。但是，正因如
此，自動化科技推動下的微工作，也可能將工作者導向不再受
困於工作，讓苦勞交由自動化科技來代勞，好使人類不再把生
活重心都圍繞在工作上，而有更多時間參與家庭與社群活

動；讓工作者在工作時間和內容上有更多的決策權，好讓人感到快樂且免於異化。

　　本書作者正是企圖喚醒被平台綁架的讀者們，一同參與這一場如何讓科技可以造福廣大勞動工作者，而非只圖利平台資本家的社會運動。邀請大家藉由文字，加入作者的想像世界。

　　　　本文作者為逢甲大學公共事務與社會創新研究所特聘教授

推薦序

我們會迎來僕役經濟嗎？

洪敬舒

建議各位讀者先把本書視為一則預言！

本書作者瓊斯把演算法對工作的不利影響視為一個重要提問，逐一解構成因、現狀及影響，最後歸納出讓人驚心動魄的未來，一個有關「僕役經濟」的預言。

對平台經濟的批判，近年來不絕於耳。相信享受到快捷、便利、廉價等好處的消費者不免納悶，為什麼要懼怕演算法？

其實答案已經揭露在「平台資本主義」的副書名當中。直觀來看，它是平台與資本主義的結合。資本主義早就人盡皆知，人人都活在資本主義底下，太陽還不是依舊東起西落？至於用先進演算法作為核心肌群的平台，更是「潮」味十足。既能以驚人速度處理巨量訊息，成就人類達不到的境界，又能提供有效的按需服務，滿足多元需求。兩者結合能夠顛覆或激發

更多創新，到底有什麼好怕的？

　　看在作者眼裡，這些都是平台資本主義製造的幻覺，因為它的 DNA 還是資本主義。

向下涓滴的風險

　　伴隨平台資本主義而來，不論叫「微工作」（microwork）、眾包（crowdsourcing）、「次就業」（subemployment）或「零工經濟」（gig economy）的背後都有相同的工作特質：低薪、臨時、不穩定又不被承認僱用。換句話說，由平台資本主義操控的演算法或平台，沒有製造出大量的專職工作，反倒輕易把原本幾千個人的專職工作，拆解成幾百萬個細瑣工作再向外分包，其中沒有一個人被承認與平台之間有勞僱關係，人人都是等待電腦螢幕跳出零碎任務的「自僱包商」。

　　大量使用這種勞動服務的企業，當然能夠盡情地享受前所未有的彈性。不但能在極短時間內召集足夠的微工作者，然後就地解散，等到有需要就再來一輪。整個過程完全不用負擔僱主的法定成本，簡直是資本主義夢寐以求的天堂。所以瓊斯主張「微工作是就業市場中的海市蜃樓，不是充滿機會的綠洲」。

　　平台資本主義盡情地把風險往勞工頭上涓滴的同時，也發揮出利潤往上集中的天賦。

　　只要控制住演算法，資本主義就能徹底主宰平台。接下來只需要創造出各式各樣溢美的形容詞，就能把平台從使用免洗筷勞動力的「人力仲介」包裝為「科技公司」。等到平台搖身一變成為股市的當紅炸子雞，資本主義就能輕易吸走天價資金。整個過程只有華爾街的歌舞昇平，對技術天才的崇拜掌聲，至於微工作者仍舊苦守著電腦等待接案。

獨自狩獵的微工作

　　人類對科技總有過度的期待，也經常忽略科技的使用目的與權力。一九三〇年經濟大師凱因斯（John Keynes）曾經預言自動化的興起，人類往後每週只需要工作十五個小時；三年後卻不得不承認，「我們發現到節約勞動力所使用的手段，遠遠超過找到新勞動用途的速度」。

　　對比九十年前凱因斯看到的失業，作者提出一個更加貼近 AI 社會的比喻，「在這些職位自動化程度越來越高的情況下，恐怕越來越多專業人士變成要以狩獵採集方式賺取薪水」。

　　一旦技術被少數人控制，勞動就只是為資本生產利潤的工

具。大批退回到狩獵生活的微工作者，就算敲擊高效能的電腦，收穫也不見得會比石器時代高出多少，因為他們只能獨自狩獵，再也無法群策群力。

所以關鍵便是，工作真的會被完全消滅嗎？

情況也許不至於如此糟糕，只是發展趨勢也讓人難以樂觀。美國自由工作者聯盟（Freelancers Union）有過一份調查，二〇一七年全美國的自由工作者來到五千七百三十萬人，占全體勞工的百分之三十六，按這個成長速度，聯盟推估十年後將超過美國總受僱工作人口半數。但假若真的按本書設想的劇本發展，作者認為屆時我們將進入「僕役經濟」（servant economy）：一個資本主義真正的天堂。

簡單地說，微工作人口變得更多，生活只會更加困窘，但是把人鎖在電腦面前的工作形態卻讓人互不相識，連工會也鞭長莫及。更多人必須忍氣吞聲以求生，連起身串聯、動員對抗的機會都被剝奪之後，所有籌碼就盡歸資本主義，就算引爆貧富對戰，也能灑出數不盡的鈔票，雇用窮人來對抗窮人。

「我是人，不是演算法」

這樣的未來相信你我都不樂見。那該怎麼辦？

　　作者提供的因應策略先留予讀者自行判斷。不過書中提及二〇一一年的一場反抗運動，確實讓人印象深刻。在民間團體的號召下，大批來自微工作者的不滿書信湧入亞馬遜執行長貝佐斯（Jeff Bezos）的辦公室，其中一位寫下了「我是人，不是演算法」。

　　是人，就有通力合作對應的可能性。社會運動便是一種凸顯問題本質、吸引更多社會關注與集體行動的策略。除此之外，美國學者蕭茲（Trebor Scholz）也提出「平台合作主義」的概念，主張由從業者共同組成平台合作社對抗被資本主義控制的平台。相關資料頗多，讀者不妨接續本書之後列為補充及延伸閱讀。

　　所以無須灰心！面對工作者被消失的未來預言，只要盡早採取行動，我們其實還有許多挽救的機會。

　　　　　　　　　　　本文作者為台灣勞工陣線研究部主任

目 次

導言　　土耳其機械人　　　　　　　　　　　001

縱使矽谷有了奇蹟似的進展而實現夢想，成功讓剛果礦坑自動挖採銅礦、富士康零件都用電腦自動組裝，且 Uber 的車輛都學會自動駕駛，這些技術也幾乎都還是要仰賴人工的資料處理，亦即標注、分級、歸類。除了最開始要先清理好資料才能輸入演算法，在開始執行後也要持續監督和修正。

第一章　　矽谷的過剩人力　　　　　　　　013

在亞馬遜首席執行長貝佐斯花一小時賺到一千三百萬美元的同時，一名難民只能靠著教導演算法偵測車輛來賺取幾美分。每個工作任務都加深了兩個世界之間的鴻溝：一個是範圍持續擴張、性命不值錢的大貧民區，另一個是智能機器人和身價數十億科技大亨所在的資本主義先鋒。手指點擊之間，連結了蠻荒與高尚的世界。

工作的末日？　　　　　　　　　　　　　022

儘管進入資本體系的人增加，卻沒有創造出相應的新工作。製造工作機會的速度，越來越跟不上需要支薪工作的人數增長速度。經濟成長停滯損及全球體系的同時，工作者被迫從事缺乏穩定性且零碎的服務性質工作，而資本卻是投入資料商品化和展望 AI 未來的投機生意，這只會讓人力過剩的問題惡化。

次就業　　　　　　　　　　　　　　　　029

次就業指極度短暫、臨時及易變動的工作，包含大量無薪勞動、嚴重的低度就業或是薪貧現象，又或是有工作卻不保證能讓生活光景好過於無業的慘狀。

第五章　無薪抗爭

有沒有可能把摧毀自己就業根基的工作者組織起來？回答時，最好要把問題放大來討論：數量不斷增多的非正式工作者、計日臨時工和「微創業家」，是否具備足夠能動力來形成如同先前勞動階級運動規模的勢力？

沒有工會的聯合體

當傳統工會的策略明顯無法克服數位世界的挑戰，只好以論壇和外掛程式來推動新型的工作者結盟，縱使要面對帳號遭停用、慘遭負面評比和受保密協議懲戒的威脅。

無薪抗爭

正如其他非正式部門無產階級者所採取的行動，微工作者要想辦法有效擾亂流通，而且不能僅是減少人力。因此，將目標鎖定在破壞任務案件是必要的手段，實際作法從大量棄置案件到長期且大範圍「破壞機器」不一而足，而後者這個舊時的手段可能會導致準叛亂的組織動員。

無薪運動？

新冠肺炎疫情是否真正引發人類何去何從的壯麗願景，目前還無法下定論。但許多在疫情爆發之際出現的訴求提供了共同願景，能奠基於此來發起更大型的無薪運動。萬一如此大量被視為過剩人口的人參與運動還成不了事，那就毫無希望可言。因此，希望此刻所求助的，正是那些長期變得無望的人。因為，未來是屬於現在被排除在外的人。

後記　　微工作的烏托邦？

後記　　微工作的烏托邦？ 127

在薪資社會中，微工作帶給工作者的承諾——獨立、彈性且休閒的工作生活——常常造成貧窮和工作不穩定；但在無薪社會中，微工作對工作生活的編排，卻反而能提供打動人心的願景，可說是躲藏在我們當前廢墟中的「具體烏托邦」。

```
search btn a spon
 .sf-sub indicator
.cart-menu .cart-icon-w
ter.transparent header#to
-menu > li.current_page
-menu > li.current-menu-a
l > li > a:hover > .sf-sub
#search-btn a:hover span,#
-menu > li.current-menu-
.icon-salient-cart,.ascen
ortant;color:#ffffff!impo
header#top nav>ul
widget-area-toggle a i
       filter.transparent
```

導　言

土耳其機械人

我們活在科技奇蹟的時代。現今,機器不僅能下圍棋打敗
人類,還能寫出流行歌曲、憑自身意志駕駛車子。無人商店讓
顧客能在選購產品後,不須經過結帳櫃台即可離開。顯然,若
把小型晶片植入人腦中,機械便能開始學習如何讀懂人的心思
了。這麼一個矽谷理想國信誓旦旦表示要淨化受毒害的地
球,把大家送上火星,實現永生,並使人類脫離庸碌生活抵達
超凡境界。這個世界物資豐厚且充滿智慧解決方案,便利程度
可謂與奢華程度彼此相襯。

然而,這世界的根基卻疑點重重,看似有著突飛猛進而銳
不可擋的科學進展,但其實只不過是某些科技大亨的夢想罷
了。反烏托邦的醜惡戳破了模控(cybernetics)[1]的和諧假象;
光鮮亮麗的表層底下是壓迫、監控和原子化(細部分工)的現
實。每個影響全球的事件,諸如金融危機或傳染病疫情,都讓
我們更快速步入這個世界所擁戴的「零接觸未來」——鼓勵大
家多待在家裡避免與他人往來,而住家不再只是個人的居
處,同時也兼作辦公室、購物中心、健身房、醫療診斷室以及
娛樂場所。[2]物聯網(IoT)滲入我們的睡眠、會議和心律,
並將這些現象的數據回報,其後再以優化的服務回饋到我們的
生活,且這一切都是由某個平台來提供。出了家門後,「智慧
城市」的監控又高了一層。街上的一無所有者在討生活時,生

物識別及臉部辨識技術會監管他們的風險評估檔案。一連串的
演算法圍繞著所有團體、空間和機構，形成一張張的機械感知
網，密布到各種形態的運算智能宛如隱形一般。透過這種不易
察覺的感應器、追蹤器和攝像鏡頭共同組成的多重設置，資本
能夠取得新的編碼及認知用性質資訊。從測量學到生物識別技
術，從顯微科學到宇宙學，生活受資訊交換的控制程度更甚以
往。數據經轉換後輸入各種奇異的機器裝置：自駕車取代計程
車和貨車司機，演算法替代主管職權，還能以勝過任何醫師的
高精確度診斷癌症。

　　不過，這個自動化夢想世界的幻想程度居多，而非現
實。搜尋引擎、應用程式及智慧裝置背後都有著工作者，這些
人通常是在全球體系中被排擠到邊緣的族群，因為別無選擇而
被迫要清理資料及管控演算法，領到的錢卻寥寥無幾。臉書和
推特的動態貼文系統看似能精準地自動清除暴力內容，但哪些
內容算是色情或仇恨言論，並非交由演算法判斷。臉部辨識鏡
頭似乎能自動偵測到人群中的一張臉孔，而自駕車不需人為操
控就能開動；但實際上，看似神奇的機器學習（machine
learning）成果，所靠的是標注資料的苦差事。矽谷帶起的貨
物崇拜（cargo cult）[3] 現象背後，是過濾仇恨言論、注釋影像
以及教導演算法如何偵測出貓的艱辛勞力。

　　本書主張，這些低薪且損害心神的任務，是讓數位生活得以成形的主要因素，而非演算法。貝佐斯（Jeff Bezos）在亞馬遜的 MTurk 平台[4]正式上線時告訴全世界：「大家可以把這想成是微工作（microwork）。以一美分的價碼，你可以請人告訴你一張照片裡面有沒有人。」在這種性質的網站中，MTurk 不僅是首創，且知名度至今仍居第一。[5]這些群包網站用標籤注記影像中出現的人物來訓練人工智慧，這類任務多半只花個一分鐘。就算作業時間拉得較長，通常頂多就一小時。微工作網站讓業主能把大型案件拆分成極短的工作。業主把這些人類智慧任務（Human Intelligence Task，HIT）發布到網站上，於是就會出現在數千名接案者（又稱「託客」〔Turker〕）的螢幕上。託客要迅速搶案，而且是論件計酬。每次成功發案後，平台會抽取百分之二十的費用。工作是在遠端完成，而且接案者只會在線上平台顯示虛擬頭像，並不會相互碰面。

　　MTurk 所開啟的二十一世紀新工作型態對資本很有利，卻讓勞工大受打擊。現在，其他競爭公司如 Appen、Scale 和 Clickworker 也仿造同樣模式，提供方便好用的已清理資料和廉價勞力給業主，無論是學術機構，或是資本的現代大代理人，如臉書和 Google。這些網站扮演著以勞動套利的中盤商角色，鎖定戴維斯（Mike Davis）所稱的「過剩人力」

（surplus humanity，全球人口中，被視為不在經濟體系主體之內的群體），以見縫插針滿足大科技公司的需求。[6] 接案者只在執行任務期間維持承攬關係，因此在就業和無業的狀態之間跳動，且可能在一日之內為不同公司工作。工作波動幅度大，而這些網站以彈性為由，擺出具備前瞻思想的善心守衛者姿態，推行專為新世代工作者設計的新型勞動契約，指稱他們渴望「獨立」更勝於安穩保障及合理報酬。不過這樣的安排之下，受惠方只有發包業主，像是推特、臉書和 Google 等大型科技公司，因為它們能夠規避較典型的聘僱所需負擔的責任。在這些網站工作的人，不再歸類為「勞工」，而是「自由工作者」、「獨立承攬人員」，甚至還有「玩家」（player）的離譜之稱。他們放棄了權益、法規保障以及最後一丁點議價的籌碼。[7]

　　平台資本的殘酷性質，將本來就已經慘不忍睹的全球勞動景觀，改造為充斥著雜務與臨時工的就業荒土。不過，很多關於微工作的文獻都表示，這些資料處理工作是前所未見的新現象。自信滿滿的「人力雲」、「人即勞務」（Human-as-a-Service，以人作為一種勞務形式，簡稱 HaaS）和「即時人力」等講法，顯現出從過去沉悶的世界，縱身一躍進入了「人機混和式」的大好未來。[8] 貝佐斯所謂的「人工的人工智

慧／工人智慧」（artificial artificial intelligence），表示人與演算法之間的高科技關係，將在「新經濟」中帶來爆炸性成長。[9]因此，為了幫助南半球經濟體免於緩慢步入非正式工作、負債以及貧民窟擴大的末日浩劫，世界銀行（World Bank）等機構在提出一長串措施時，便將微工作視為其中最新的救世辦法。[10]本書要旨即在讓讀者知道，微工作非但不是南半球的浴火鳳凰，還是致使地球工作陷入進一步危機的推手。微工作由以下各個過程加總而來：成長遲滯、無產階級化，以及勞動力需求降低，這些全都使印度、委內瑞拉和肯亞等國的非正式部門大幅膨脹。如同我們將在第一章看到，這些網站的人數增加，並非資本主義成功的體現，而是反映出越來越多人在正式勞動市場找不到工作的悲慘紀實。其中許多人住在監獄、難民營和貧民窟中，他們完全無業或是低度就業（underemployment）。[11]這就是過剩人力的悲歌。

　　這樣看來，從二〇〇八年至今這段漫長的經濟失序期間，使用群包網站的人數激增並不奇怪。雖然全球從事微工作的人數沒有精確的統計數據，但目前推估約落在兩千萬左右，其中大半部分的人位在南半球，包括南美洲、東亞以及印度次大陸。[12]這些人當中不乏受教育人士，但因故脫離了正式勞動市場。[13]北半球的高學歷低就者，數量也正在增加。調查

顯示，英國的工作年齡層人口中，高達百分之五每週至少使用一次群包網站。[14] 對他們而言，微工作主要是用來拉高工時並在薪資凍漲下增加收入的方法。[15] 然而，對其他世界各地眾多的人而言，微工作就是他們的全職工作。根據國際勞工組織（International Labour Organization，ILO）的一份調查報告，百分之三十六的接案者每週固定工作七日。[16]

依照個別平台自稱的服務對象數量看來，利用這些網站工作的人數可能遠高於目前的統計數字。過去十年來，光是 Clickworker 的使用者人數就增至超過兩百萬人，就連較小型的 Appen 等網站現在的使用人數也破一百萬。如果把這些平台的接案者歸類為受聘員工，發包公司就會在現今的僱主名單中名列前茅，僅次於幾個政府和沃爾瑪大賣場（Walmart）。其中很驚人的是，中國群包平台「豬八戒」擁有一千兩百萬名使用者，使得它成為世界上最大的人力承包商。[17]

提倡華盛頓共識（Washington Consensus）[18] 的機構明顯因 AI 科技得益。它們順勢利用仰賴處理零碎資料維生者人數的增加這一點，反駁主流媒體長期對自動化會傷害就業市場的預測。然而，得利與受害之間的界線其實很模糊。客服中心接電人員受到聊天機器人的威脅，櫃台結帳人員受到無人商店衝擊，他們最容易在二十一世紀的資本風暴中載沉載浮，因此不

得不躲進線上接案的收容地。

　　微工作的擁戴者會堅決表示還是有工作可做。但從「託客」平均時薪不到兩美元這點來看，就算自動化沒有消滅所有勞工，卻也把他們推到快無法生存的邊緣地帶。[19]

　　這就是本書第二主題。過剩人力不被計入一般人力，長期以來都受到殘酷的國家政策擺布。而現在，他們更是在矽谷菁英進行的實驗中受到非人對待。貝佐斯把 MTurk 描述為「工人智慧」，可見接案者不被當作是人，而是運算設備。用來接洽業主和接案者的應用程式介面（Application Programming Interface，API），原本是工程師用來與電腦互動的工具。而在微工作網站上，業主是與以電腦為形象的人類互動。接案者隱沒在機器底下的長長陰影之中，因此業主能無後顧之憂地盡情操用行銷策略，尤其是平台大客戶。臉書、Google、亞馬遜等尋求取得風險投資的無數新創公司，採用的手法就在於企業模式十分精實，甚少仰賴高風險的勞動力市場，而幾乎是透過複雜的演算法來經營。它們允諾要完結十九世紀馬克思（Karl Marx）預測的進程，即用科學和科技來取代處於資本生產力核心的勞動。[20]雖然各平台正在加速這個進程，但只要看看富士康黑暗的血汗廠房，或是玻利維亞有「吃人山」惡名的塞雷里科錫礦場（Cerro Rico），就會知道這些期望都還沒實現。

平台將勞動外包，所以沒有記在帳上，也不會讓使用者、投資
人、顧客看見，從而營造出深具科技實力的假象，但實際上跟
利用人力處理資料來支應 AI 沒什麼兩樣。

　　雖然資料是平台的命脈，我們平常卻不會去想到它的製
程。我們看得見 iPhone 的硬體，因此能從它的物理性質推論
出製造過程所需的勞動，但我們看不見也碰不著軟體內流通的
資料。我們壓根不會想到資料也要經歷生產的過程──這麼難
以捉摸的無形物質同樣出自人類之手，就跟硬體一樣。由於動
手動腦的產物都只顯現為智慧機器的成果，讓人有了科技萬能
的錯覺。這種資料拜物教（以為有自動操作的無人機而不用有
人標注資料，以為媒體能自動刷新動態而不需要人管理版
面）掩蓋了自動化真正的面貌：一群又一群被剝奪正常就業地
位的工作者，用如同抽搐般的動作在訓練機器學習。

　　為了要像馬克思揭露十九世紀工廠那樣拆穿這一面，本書
也必須探索平台資本主義（platform capitalism）的陰暗處，即
在二十一世紀快速竄升至主導地位的經濟模式。[21] 二〇一九年
時，亞馬遜、臉書、微軟、字母控股（Alphabet，為 Google 的
母公司）及蘋果分別是世界上市值最高的公司，而中國平台阿
里巴巴、京東商城和百度緊跟其後。這些公司能興起，一大關
鍵在於擁有巨大的運算能力。隨著數位基礎設施讓使用者有空

間能相聚、交際、貿易和消費，各平台獲得了大量個人資訊的
特殊存取權限；這些個資取自線上瀏覽、GPS 定位、在社交
軟體上與人對話，或是對著語音助理 Siri 說話。[22] 這些平台累
積越多資料，便能把越多數據輸入 AI，並越能夠提升自動化
程度。

　　但是，就算自動化真的只剩下「最後一里路」，想必也不
好走完。[23] 縱使矽谷有了奇蹟似的進展而實現夢想，成功讓剛
果礦坑自動挖採銅礦、富士康零件都用電腦自動組裝，且
Uber 的車輛都學會自動駕駛，這些技術也幾乎都還是要仰賴
人工的資料處理，亦即標注、分級、歸類，科技解決方案尚且
應付不來。除了最開始要先清理好資料才能輸入演算法，在開
始執行後也要持續監督和修正。如伊拉尼（Lilly Irani）所說：
「為了要適應不斷變化的世界，必須用人力來配置、校正和調
整自動技術；變化包含產品形狀不一，或是有鳥飛入工廠
裡。」[24]

　　想達成全自動奢華資本主義（fully automated luxury
capitalism）的矽谷夢，終究只是個夢，但這樣的宏願卻在二十
一世紀遲遲不散；此世紀一開場就是金融危機，其後經濟長期
不景氣，民主體制搖搖欲墜，時不時又遇上氣候災害，以及好
幾波的緊縮期。[25] 現在，想像中的烏托邦與現實中的反烏托

邦，一來一往踏著怪誕的舞步赴往劫難。聊天機器人進步時，加州燃起大火；電腦下圍棋勝過人類時，數百萬人染上人畜共通的怪病。人類若無法在歷史的此刻主動出擊改善世界，就只能面臨一輛輛智慧計程車在永恆暴風夜中默默漂來的未來。怪異天氣和流行傳染病使得眾人成為難民、階下囚或是經濟邊緣人，這種在經濟體系主體中找不到安身處的人生重擔，到了矽谷人士的眼中卻變成一串軟體程式碼，任憑他們決定要拿來使用與否。

　　但在多處的前線，被視為過剩的人口正在起身抵抗，且有機會促使世界變得更好。微工作者光憑一己之力不易組織動員，並實際動搖資本，但在越來越多事件中，可看到平台工作者聯合其他無依無靠的族群付諸行動。本書便是抱持如此期望，謹慎寫下結語。

第 1 章

矽谷的過剩人力

一名婦女住在肯亞的達達阿布難民營（Dadaab），這是世界上一大難民營。她穿越塵沙漫布的廣大區域，來到擺滿數排電腦的中央棚屋。她跟其他眾多人一樣，萬般無奈被迫離開居所，來到全球體系的邊緣地帶。她日復一日為遠在數千英里外的矽谷某新興資本主義先鋒賣命工作。[1] 一整天的工作內容包括標注影片、打出音檔逐字稿，或是教導演算法如何辨識出各式各樣的貓咪照片。在真正僱傭職位短缺的時刻，線上零工成了達達阿布居民屈指可數的「正式」選擇之一，但這份工作不僅不穩定、艱辛且依件計酬。這裡的工作空間狹窄不通風，還隨處掛著雜亂電纜線和零散電線，這種環境與宇宙新主人居住的尊貴不凡園區簡直有天壤之別。在亞馬遜首席執行長貝佐斯花一小時賺到一千三百萬美元的同時，一名難民只能靠著教導演算法偵測車輛來賺取幾美分。每個工作任務都加深了兩個世界之間的鴻溝：一個是範圍持續擴張、性命不值錢的大貧民區，另一個是智能機器人和身價數十億科技大亨所在的資本主義先鋒。[2] 手指點擊之間，連結了蠻荒與高尚的世界。

同樣由點擊構成的經濟也決定了中東各地難民的命運。黎巴嫩夏蒂拉難民營（Shatila）的敘利亞人，被迫改變日常作息來配合地球另一端不同時區的公司的需求。他們放棄自己的夢想，以滿足遠處資本家的需求。[3] 他們在夜間標注都市區域的

景象，包含「房屋」、「商店」、「車子」，像是被命運捉弄般，這些標注內容對應到他們曾經居住的街道，說不定之後無人機將會飛入這些街道進行轟炸。[4] 他們勞動所用的網站資訊非常不透明，因此誰也說不準這些任務的用意為何，或是受益者是誰。在隔壁房，無業的巴勒斯坦人成為 m2Work 鎖定的目標；這是通訊業者諾基亞和世界銀行的合作企畫案，目標是要給「世界上最弱勢的人」新型態的微就業機會。[5] 世界銀行致力在南半球「創造工作機會」，當然會將巴勒斯坦三成的失業率視為不可錯失的良機，因為他們是尚未受到利用的廉價勞力，而我們美好「新經濟」所仰賴的大型電信網路，正好能把他們納入全球資本的版圖中。

除了 m2Work，還有許多「社會影響力外包」（impact sourcing）風投事業利用微工作觸及過去無法取得的全球工作人力。由 Deepen AI 公司經營的非政府組織 Lifelong，培訓敘利亞難民為 Google 和亞馬遜這類的企業注解資料。[6] 同樣地，非營利平台 Samasource 培訓烏干達、肯亞和印度的難民完成簡短的資料任務，並積極招募難民到亞馬遜的 MTurk 工作。[7] 該平台的口號「用工作機會取代援助」，完美闡釋了這些企畫的理念。Samasource 發明了「微工作」一詞，正好反映出它的理念源頭——微型放貸（microloan）。微工作就像微型金融一

樣，是種專給無業和貧困族群的貸款方案，為這些計畫打包票
的，是對市場機制能治百病的深信不疑，結果卻只是讓國家陷
入欠債循環、戰亂和貧窮。微工作不提供權益、職位保障或作
業流程，且薪酬微薄到只夠餬口，使人社會處境艱難。困於難
民營、貧民窟或殖民地的工作者，被迫在裸命（bare life）的
條件下靠微工作勉強生存。[8] 如此明顯針對種族的歧視作法採
用了「監獄產業複合體」（prison-industrial complex）邏輯，將
過剩人口（多為黑人）監禁，並依法強制他們低薪或無償勞
動。[9] 微工作方案也用如出一轍的方式剝削困於經濟暗處的
人，儼然形成一種「難民產業複合體」（refugee-industrial
complex）。

　　因此不難想像，Samasource 的前首席執行長珍娜（Leilah
Janah）選擇用「虛擬生產線」這種較好聽的稱呼，把貧窮化
包裝為勤奮美德。[10] 雖然比最底層的非正式工作安全（甚至更
有賺頭），但微工作通常是專給走投無路的人。事實上，微工
作籌辦方通常鎖定戰爭、內亂或經濟崩盤的受災戶為對象，原
因不是如珍娜等推動者所稱的不計較這些人的背景，而是看準
了他們艱困的處境。這些組織深知在奈洛比基貝拉貧民窟
（Kibera）或是加爾各答的棚屋區，勞動者沒什麼餘裕抗議薪
水低或是缺乏權益保障。[11]

　　這才是自動化隱藏的真面目：由全球各地難民、貧民窟住
戶和受殖民者集結而來的族群，因貧窮化或法律強制力，被迫
出賣勞力替 Google、臉書和亞馬遜等公司進行機器學習。以
自駕車為例，這產業在許多大型平台上都持續發展，估計二〇
一九年市值高達五百四十億美元，且在二〇二六年將遠遠超出
五千五百億美元。[12]特斯拉（Tesla）等公司有很多勞動力需求
在於清理和注解資料，以利自駕交通工具順利行駛。從車上拍
攝的景象內含大量原始視覺資料，要先經過歸類和標注才能
用。接著再拿已標注資料讓車輛學習分辨都市環境，並辨識出
行人、動物、道路標誌、紅綠燈和其他車輛。資料訓練很少在
公司內部進行。通常，特斯拉這類的公司會把工作外包到南半
球。二〇一八年，超過百分之七十五的此類資料是由處境最艱
困的委瑞內拉人負責標注。[13]自從委國經濟崩潰，通膨率逼近
百分之一百萬，大量失業人口（包含不少中產階級的專業從業
人員）開始使用 Hive、Scale 和 Mighty AI（在二〇一九年被
Uber 併購）等微工作平台，以通常不到一美元的時薪標注都
市環境影像。雖然業主能在這些網站上匿名，因此幾乎不可能
辨識出群包網站服務的大公司身分，但其實不難推測，
Google、Uber 和特斯拉都在委國這波危機中撈了不少便
宜──資本主義的典型作風就是發災難財。統計資料顯示，直

到今日，委國提供的自駕車相關資料處理勞務量仍是最高。[14]

　　從經濟崩潰受災戶、難民到貧民窟住民，平台資本主義專找名目上多餘的人口下手——將眾多零碎任務交給長期被排除於合理僱傭關係外的人，並從中圖利。這些人被 Google 和臉書等公司把持，長久困於勞動市場邊緣的灰暗地帶，既不屬於受僱人員也非失業人口。接案者只在教導演算法如何辨識行人的那一分鐘有工作，然後又被扔回人力庫去找尋下一份任務，如此不斷在受僱和失業兩種狀態之間擺盪。

　　這情況類似於二十世紀早期工廠制度中的大量預備人力。該時期一名工人描述道：「數十人在工廠外等著大門開啟」，然後陷入「比橄欖球賽還激烈的大亂鬥」。[15]但線上搶案不像那些人找的是整天的工作，頂多只能拿到幾分鐘的差事。儘管 Samasource 等平台費盡功夫要把微工作類比為「數位版的基礎製造業」，但微工作者不像工廠勞工或棉紡工一樣有明確的角色。對他們來說，一日的工作內容可能是由零散的任務拼湊而成，混亂的安排更像是非正式部門的工作，永遠都在靠新的賺錢機會討生活。[16]比較貼切的說法，是數位版的無產階級，如斯諾登（Frank Snowden）以下對十九世紀那不勒斯（Naples）生動的描述，像極了現代孟買或奈洛比的淒涼景象：

這些男男女女不是工人，而是「衣衫襤褸的資本家」，他們的角色五花八門，數也數不清。一間當地政府機構把他們稱為「小型實業家」。街道上最有稱頭的是販報者，他們全年只要做一項生意就能有穩定的盈利。其他小販是「吉普賽商人」，市集中不折不扣的游牧者，跟著商機變換工作。他們賣蔬菜、堅果和鞋帶，提供披薩、淡菜和回收衣物，販售礦泉水、玉米和糖果。有些人替人送信、發廣告傳單，或是當私人清潔工，負責清理汙水池或是倒家庭垃圾，一週獲取幾分的義大利里拉為報酬。還有些人是專門的喪葬業者，受委託跟隨靈車把死者送到波焦雷亞萊公墓（Poggioreale）。[17]

　　Clickworker 或 MTurk 的接案者，也會在一日之中執行如前述「五花八門」的勞務，舉凡打音檔逐字稿、處理資料和填寫問卷，甚至是找出當地速食餐家資訊後張貼到網路這類較少聽聞的雜務。更奇特的，還有 MTurk 接案者發布自己雙腳照片的貼文來獲取幾美分的報酬。[18]因為微工作者缺乏契約、權益、法規、角色或是作業流程，他們其實與早上醒來先做塑膠資源回收、再以於火車上賣面紙結束一天的移民差不多。沒幾分鐘就要找新交易活動的他們，求生所需目標變得不明確。撇開世界銀行之類機構振振有詞的吹捧，一般人都知道微工作根

本難以解決南半球的「工作問題」，反而是在已經太過浮腫的
非正式部門添上累贅。[19]

　　各平台是由名目上的多餘人口支應令人感到憂慮，就算把
目光移到北半球，情況也是一樣不樂觀。北半球的微工作，通
常也是專給受排擠和壓迫的族群從事的。這裡舉個驚人的例
子：現在芬蘭的監獄勞動中，有一項是為情況困窘的新創公司
訓練資料。人力資源公司 Vainu 把任務案件外包給原本可能會
去 MTurk 的囚犯，企圖引領該公司自詡的「監獄改革」。[20]
囚犯完成幾份任務，監管芬蘭監獄的政府機構就會獲得相應的
款項，但沒有公開紀錄顯示做事的囚犯能拿到多少比例的報
酬。想把這政策硬說成「學習職場技能機會」的公關說詞，很
難使人信服，畢竟這樣的工作短暫、少內容且耗神。[21]如同強
迫囚犯進行費力的犁田勞動，並不是為了囚犯的利益，反覆教
導演算法「蘋果」這個詞有哪些涵義的費心工作，也不是為了
工作者的未來。

　　無論是難民營或監獄的工作，又或是美其名為福利
（welfare）的工作救濟勞動要求（workfare），微工作形式都
讓過剩的廉價勞動力便於受到利用，且不僅是出於獲利的目
的，也是一種管束的手段。二〇〇八年金融危機發生後，美國
各州政府委託 Samasource 教導求職者從事線上勞動，主要是

在經濟衰退及去工業化最嚴重的「鐵鏽地帶」（Rust Belt）。[22]
這個計畫的用意，在於讓長期失業者為美麗新經濟做好準
備，因為屆時工作者要面對的不是全時工廠勞務和嚴格主
管，而是臨時工作和專制的演算法。因為這些「培訓」計畫通
常涉及學員對平台的使用，所以不易判斷教育和實際勞動之間
的分野。

　　雖然 Samsource 計畫是歐美微工作的極端範例，卻也揭示
北美洲有哪些族群使用這些平台：「被開除的教師、行動不便
的專業人士、退役軍人、有空間恐懼症的作家……以及家庭主
夫主婦。」[23] 如同敘利亞難民或是加爾各答貧民窟住民，許多
這類型的工作者被捲入資本的軌道，卻被拒於正式勞動市場之
外。他們形成馬克思口中的「相對過剩人口」（relative surplus
population），意即「僅部分工時受僱」而不足以維持生計和
完全「不事生產」而長期無薪所構成的冗餘群體。[24] 根據需求
擴張和緊縮來聘僱的波動體系，勢必會導致這群人的遺落。工
作者被納入勞動力後，便開始仰賴給薪關係。勞動需求下滑使
得工作機會減少時，工作者必須另外尋求辦法維生，像是補助
金、非正式工作，或是向人乞討食物和收留處。微工作只不過
是這些淒涼選項中最新的一種。

工作的末日？

那麼，我們是怎麼走到這一步？全球越來越多人從事極度不穩固、變數多、薪資低到幾乎與失業無異的工作，且以多項評估標準而言，正式與非正式勞動力已變得難以區分。為什麼會變成這樣？

常見的說法是機器人搶走人類的工作，電腦運算和機器技術進展使得勞動力市場慘淡，因此眾多工作者爭奪著稀少的工作缺額，也因此讓僱主能降低薪資、罔顧勞方權益，而且，越來越多的工作者被完全排除於體系之外。[25]這個工作都將消失的末日浩劫是個頻傳謠言，不僅誇大了當前自動化技術的量能，也遺漏掉一大重要真相：科技從以前開始就不斷汰除工作。我們現在遇到的是更加危殆的問題：儘管進入資本體系的人增加，卻沒有創造出相應的新工作。[26]製造工作機會的速度，越來越跟不上需要支薪工作的人數增長速度。經濟成長停滯損及全球體系的同時，工作者被迫從事缺乏穩定性且零碎的服務性質工作，而資本卻是投入資料商品化和展望 AI 未來的投機生意，這只會讓人力過剩的問題惡化。

因此，這是一個就業與失業之間的界線崩壞的故事。起先是一九七○年代的獲利危機，最後世界被壟斷的平台掌控，牟

利方式不僅仰賴壓榨勞動力，也仰賴取得資料，而人類越來越不易取得維生所需的薪資。實情如同對資本的眾多講法一樣充滿矛盾；資料與 AI 讓體系獲得新生，但世界經濟也面臨敗亡，因為過度注重科技的種種表現，忽略了慢慢腐蝕經濟核心的疾患。

　　戰後時期是資本主義史上的輝煌一刻，不僅經濟空前活絡、薪資調漲、生產力高，成長也相對穩定。這波蓬勃發展的受惠對象，主要是北半球的白人男性員工，對他們而言，社會民主帶來強盛福利國的安穩，而福特主義（Fordism）[27] 經濟所形成的大規模長期投資，創造出牢固就業所需的穩定持久成長，以及涵蓋範圍甚廣的工會運動。這個共識的核心是新近取得霸權地位的美國，在第二次世界大戰後的經濟委靡中崛起。美國在製造和出口的核心地位，為該時期注入最初的活力，後續又被德國及日本新興經濟體的競爭所補強。[28]

　　然而，這段時期好景不常。自一九六〇年代起，美、日、德經濟體產出的商品種類同質性越來越高。不久後就出現生產力過剩的問題而面臨獲利危機，且緊接著「長期停滯」問題出現並延續至今。[29] 美國製造業因製程老舊且成本高，因此首當其衝。接著，美國打破布列敦森林制度（Bretton Woods），[30] 透過一系列匯率調整措施讓美元貶值，致使危機

先後移轉到德國和日本,再到歐洲其他地區。全球製造業發展
迅速陷入停滯,其後數十年經濟嚴重頹靡不振。

　　隨著生產力過剩衍生出成長停滯,現今廣稱為去工業化的
全球進程就此展開。當全球競爭達到飽和,美國製造業最先開
始衰退,短時間內其他國內生產毛額(GDP)最高的經濟體
也紛紛面臨這波趨勢。一九六五年至一九七三年期間,美國製
造業的盈利降低了百分之四十三‧五,預示其他七大工業國
(Group of Seven,簡稱 G7,)[31] 經濟體也將遭逢同樣劇烈的
獲利縮減。[32] 一九七○年到二○一七年之間,美、德、義、日
的國內製造業受僱工人數量減少將近三分之一,法國則減少一
半,英國減少數量高達近三分之二。[33] 現在,這個共同發生而
程度不一的去工業化現象──一個長期、不均勻且通常彼此矛
盾的過程──不再是過度發展的北半球專有的問題。相較前一
年同期,製造業在全球 GDP 的占比更是縮水。[34]

　　對過去時期而言,一九七○年代這種獲利危機是經濟體系
中必定會出現的短暫週期性歷史現象,通常表示特定的商業週
期或是產業典範已走完歷程──生產力的增加,拉低了所有同
業的產品價格,因此相對優勢縮減。市場上已充滿類似價格和
品質的同質產品,因此資本為了要自我重建,會拋開更多勞動
力來自我摧毀。於是就會多出一群失業及低度就業的人口,他

們等待著企業將投資目標轉移到新的可獲利產業，藉以重新獲取工作。[35] 新創項目起步後，勞動便會再度受僱，並重新開啟更加繁榮的週期。舉例來說，在現代早期的英格蘭，農業部門因節省人力的新發明而提升產能，壓低了產品價格，使市場達到飽和，導致工作者出走以及資本貶值，因此勞動力從鄉村流向新興城市。[36] 這些工作者並沒有長期閒置，而是很快就被剛興起的紡織業吸收。紡織業引進多軸紡織機和機動紡織機後，因為生產力大增使得產品價格降低，於是引發更多消費需求，進而刺激勞動力需求。但隨著各家紡織業者競爭越演越烈，市場在短時間內就達到飽和，一旦獲利變得不易，就有更多工作者失掉工作，也讓過剩人口增加。但他們很快就進入新興的電力和通訊業，使經濟體系進一步擴張。

　　雖然「失業、替補、擴展」三階段的說法稍嫌簡化，但它確實在各個跌宕的經濟轉換週期形成勞動力歷來的規律走向。然而，一九七〇年代爆發的危機打斷了這個節奏。非正式工作、低度就業、薪資停滯、經濟復甦卻未帶動就業、生活困頓危殆，以及勞工運動衰退，以上種種不利現象都指向更嚴重的就業危機。

　　這些問題之所以發生，有個常見的說法表示，這是因為機器替代勞工的速度，超過新技巧培訓的速度，所以失業者才無

法重新投入新的產業。[37] 例如，習於作業流程的製造業工人，
並沒有習得諸如寫程式的工作技能。針對這個論點，能用不少
立論加以反駁。

　　最重要的一點，是電腦不同於通訊設備、電力和蒸汽動力
產業，它能應用到各種領域，因此比起過去的技術，更能降低
眾多業別的勞動力需求。[38] 馬克思曾經預測，隨著資本主義發
展，科技發明的適用範圍將更加廣泛，使得勞動在生產過程中
更顯多餘。[39] 眾多自動化理論學家認為馬克思預測的灰暗終點
正在此刻到來，主張推動生產力的運算科學及現在的 AI 技
術，正在把越來越多勞動者推到經濟邊緣。[40] 但這說法也不正
確。電腦運算等數位方面的發展，並沒有像過去的產業典範那
樣提升生產力以吸收過剩人力和推動經濟體系的擴展。經濟學
家梭羅（Robert Solow）說得妙：「電腦時代的發展隨處可
見，偏偏沒顯現於生產力統計數據中。」[41]

　　看來在某種程度上，經濟體系並沒有超乎以往地再生產資
本，反而是超乎以往地造成過剩勞力。但這主要不是因為自動
化奪走工作機會，而是如布倫納（Robert Brenner）和其後多人
所指出，製造業獲利降低，不僅終結原先的成長模式，還未能
產出新的模式。[42] 如此一來，貝納納夫（Aaron Benanav）這麼
解釋勞動力需求降低的原因：

並非如自動化理論學家所說的因生產力成長所致，而是產出需求方面的不足；因為世界各地的工業產能增加，資本也跟著過度累積，因此拖垮了製造業擴張和整體經濟成長的速度。這些才是導致勞動市場頹靡、進而殃及世界各地工作者的社會經濟主因。[43]

這個問題又因一九七○年代起多次出現的無產化現象而惡化。全球勞動力的成長在暫時滿足資本的擴張需求後，迫使整個經濟體系在勞動需求不斷降低的同時得容納更多的勞動供給。一九八○年代到一九九○年代之間，前共產國家併入全球勞動人口，南半球各國脫離殖民後也成為全球勞動力。為了吸收這些增幅，體系不該縮減工作機會，而是擴展工作機會。但實際上卻沒有創造出更多工作，而是把工作移轉；因競爭問題，許多原本在北半球的工作，轉移到人力較低廉的南半球。不僅如此，許多才剛從中國和印度等國出現的製造業工作，很快就面臨去工業化的威脅。[44]

　　然而，即使眾人一再預測運算科技時代會出現的工作末日浩劫尚未發生，但長期失業率不斷攀升卻是不爭的事實。戰後時期，英美經濟體失業率大約是百分之二，而其他經濟體的失業率則只有百分之一。[45] 從那時開始，美國和多個西歐國家將

百分之五的失業率列為目標，而經濟合作與發展組織
（OECD）各國現在的平均失業率稍微高過此目標數值。[46] 一
九七〇年代起，美國平均失業率落在百分之七左右。[47] 一九六
〇年到一九九〇年間，歐盟的平均失業率從百分之二攀升到百
分之八，除了二〇〇八年金融危機這種週期性高峰外，至今也
維持相當穩定。[48] 但新冠肺炎爆發後又可能再添變數。

　　然而，更須關注的是，全球勞動力從製造業轉移到「服務
業」。「服務業」是個太過籠統的名詞，用來指稱所有製造業
和農業以外的任何經濟活動產業，包含金融、零售、餐旅和照
護。[49] 在去工業化最迅速的英美等國，服務業的就業人口增加
最急速。英國製造業的產值在整個經濟體的占比，從一九七〇
年的百分之三十到一路掉到二〇一六年的百分之十，而服務業
從稍高於百分之五十躍升到百分之八十。[50] 美國經濟也面臨類
似的走勢。簡單數值背後意涵相當駭人。這段時期，服務業幾
乎占了英美經濟體的全部產值。

　　不同於製造業，服務業工作通常如鮑莫爾（William
Baumol）提出理論所描述般「技術方面停滯不前」。[51] 這些工
作不會像自動化工業一樣受惠於技術提升而大幅提高產能。之
所以如此，史密斯（Jason E. Smith）表示「打掃房間或是看顧
小孩」的「低技術」服務，需要空間感知和估算、手動操作及

肢體靈活度，更不用說還得確切理解在特定情境中所指的
「乾淨」或是「安全」概念，這些都讓機器代勞變得艱難。[52]
因此，改造製造業面貌的自動化尚且無法掌握這些任務，而是
需要仰賴人力。越來越多人被迫從事這些成長率不如製造業的
低生產力工作，因而能分到的勞動收入變得更少。這就是為什
麼，很多倉儲業、計程車駕駛、餐旅和零售業的工作，會出現
薪資低、只能當作兼差的現象，或是涉及騙局般的「自僱」契
約。再者，競爭程度增加也使得工作者處境更危急，業主便能
藉機把行情壓得更低。被拋在後頭的人必須要去擔任（或發
明）無奇不有的新式或冷門服務角色，涵蓋各式人類活動：例
如出租好友或是寵物保母。從這點看來，「服務業」一詞形容
得不是很準確，並沒有捕捉到停滯體系留給工作者的苦差事大
雜燴。

次就業

　　若說一九七〇年代的經濟危機為一九八〇年代及一九九〇
年代奠定基礎，使得其後開展了彈性高、以服務為核心的勞動
市場，那麼二〇〇八年金融危機所引起的反應，等於是鞏固了
這些變革，使之成為不折不扣的「次就業」（subemployment）

秩序。次就業指極度短暫、臨時及易變動的工作，包含大量無薪勞動、嚴重的低度就業或是薪貧現象，又或是有工作卻不保證能讓生活光景好過於無業的慘狀。因為眾人都遲遲等不到經濟復甦，二〇〇八年起出現一連串彼此關聯且開始定型的狀況，即為次就業現象。過去十年來，經濟慘不忍睹，政治情勢危急。北半球多數政府從十九世紀晚期就開始嚴防這種危急狀態。然而過去多數地區仰賴非資本主義的農業，而現今社會大多數人都需要受薪維生，薪資卻不斷縮水。於是，全球的勞動力延展到廣大無邊的荒原，能看見的盡是非正式工作、臨時工、零工以及冒牌工作，很多都只是為了應付過剩人口所創出來的，例如工作救濟。雖然每個人的狀況不一，但有不少人都淪落到在工業成長的廢墟之中興起的就業與失業——有薪生活與無薪生活——之間的煎熬地帶。

　　有些人以「流民／飄零族」（precariat）或是「高成低就」（malemployment）來描述類似現象，筆者則選擇「次就業」一詞，這個概念最早是由一九七〇年代的自由派經濟學家提出，與其他名詞不同的是，它指出就業和失業不足以描述的各種狀態。[53]「次」的英文「sub」語意包含「低於」、「不足於」、「不完全」、「近似於」以及「隸屬於」，整合了幾項看似分開、實則彼此有關的現象，並用一個統稱來指涉緩慢

成長時期因需求降低所致的各種危殆結果。

在北半球地區，次就業現象包含英國有越來越多代理工作、暫時職缺和零工時契約工作。這些契約表示工作者從事零散的工作，不具有僱傭保障權益的資格，也領不到救濟金，並且不會被列入失業的統計數字之中。因為性質不穩定，工作者被迫接下任何工時的案件。同樣地，德國政府推行「迷你工作」（mini job）方案，提供不固定的工作，加總起來每月能領的報酬大約是四百五十歐元，且必須放棄典型僱傭關係提供的基本福利。這些安排把工作者趕出福利系統之外而淪為薪貧階級，處境往往比無業還惡劣。[54] 譬如，在「零工經濟」（gig economy）中，工作者被剝奪正常員工擁有的權益，卻沒得到獨立承包人員的工作自由。雖說能獲取免於被人監督的自由，卻受制於更壓迫人的演算法專制。這樣的工作常常低薪且工時不穩定，所以必須到多個平台接案來維持生計。

為了迫使工作者從事這些沒人想要的工作，英國和多個鄰近國家徹底改革了它們的福利制度；除了其他懲戒措施，福利制度把失業本身變得像是本業一般。無業變得像一種工作的大變化始於英國首相布萊爾（Tony Blair）的「新工黨」，而後在卡麥隆（David Cameron）聯合政府推行工作救濟的歪風達到巔峰。現在，無業還是要工作，因為所謂的福利方案規定

「求職者」要每天尋找工作、定期去特別就業中心（Jobcentre Plus），鉅細靡遺地報告他們付出的心力，還要參與私人公司舉辦的自助工作坊。蘇特伍德（Ivor Southwood）趣談：

無業變成工作的仿製品，有著模擬的職場、上下班打卡時間，還有要匯報的主管。而求職者面對著私人機構的懲戒權威，也得歸它們管，機構能抽走福利或是強制推銷勵志觀點。[55]

照理說，需要求職表示沒有工作，實際上卻有工作要做，只是沒薪水可領。「就業援助計畫」（Help to Work）是就業及退休金事務部（DWP）前部長鄧肯・史密斯（Iain Duncan Smith）推出的工作救濟方案。在該計畫規定下，申請人必須無償為特易購（Tesco）、南多烤雞店（Nandos）、博姿藥妝店（Boots）工作以獲取「工作經驗」，才能夠領取失業救濟金。[56]

　　免費勞力是次就業的典型特徵，拉貝熱（Leigh Claire La Berge）則稱之為「去商品化的勞動」（decommodified labour）。[57]可以把這想成是未來有天能領薪水的實習生、無薪的研究助理，或是為求曝光率而捨棄薪水的網紅。免費受僱

時，勞動不再是商品，被去商品化——持續生產利潤但沒有價格的勞動。[58]一般而言，去商品化是指政府把財貨或勞務從市場交換中取出，免費提供給民眾，讓勞動者在不用工作的情況下也能滿足基本需求，英國的國民保健服務（NHS）就是一個知名範例。[59]但如今這種理想措施被倒行逆施，把給薪從交易過程中抽離，因此工作者沒領取任何報酬，僱主卻能獲得免費勞動。如此一來，去商品化的勞動力既不屬於失業、也非受僱身分，不在受薪範圍內或外——這種關係正是此刻日益增加的過剩人口最佳寫照：儘管薪資逐漸消失無蹤，卻依然安排著我們的生活。[60]

　　卡麥隆政府推行的福利改革，使得資本常常得以在國家的協助下獲得去商品化的勞動。在美國、澳洲、匈牙利和新加坡等國，參與政府工作救濟方案的人數增加，表示找不到的工作的人被迫要依照國家裁定無償工作。至於不用工作救濟來懲罰無業者的地區，則是直接將無業視為犯罪。吉爾摩（Ruth Wilson Gilmore）在討論加州監獄體制的《黃金古拉格》（*Golden Gulag*）中描述，隨著二十世紀後期的失業人數增加，入罪的範圍跟著擴張，使監獄成為大型產業複合體，把過剩人力用於生產。這個過程在二〇〇八年後的世界變得更根深柢固。[61]越來越多的囚犯以最粗暴的方式淪為免洗人力；他們

被迫「受委任」為消防人員到前線對抗北加州的致命大火，或
是在武裝守衛的監視下操作危險的老舊機械。[62]

　　雖然微工作涉及北半球次就業的各種現象，如性質不穩
定、低度就業、無薪工作、強迫勞動和高度演算法自動化，但
早在二〇〇八年危機發生前，群包平台的工作主力就已經形成
於次就業的大型實驗室：南半球不斷擴展的廣大非正式部
門。許多南半球國家在脫離殖民者的掌控後，又落入停滯市場
和結構調整之下的魔掌，因此只有少數優勢族群能正式受
僱。二〇〇八年金融海嘯後十年，非正式就業占了亞太地區勞
動市場的百分之六十八、非洲的百分之八十五，以及阿拉伯國
家的百分之四十。[63] 在「正式工作的結構性短缺……致使非正
式工作競爭程度高得驚人」的情況下，一大群經濟上被汰除的
底層人士開始擔任各種混雜角色：貨品攤商、銷售服務以及打
零工。[64] 這並非華盛頓共識代言人常掛在嘴邊的「不甘於現狀
的創業精神」，而是民間疾苦的最真實慘況。「自僱」一
詞，已經張牙舞爪地過度延伸，甚而套用到人力車夫和非法器
官捐贈者身上。非正式部門是由持續東拼西湊找工作的「工資
狩獵採集者」（wage hunters and gatherers）形成的影子經濟，
與其說是資本家桌邊拋出來的小肉塊，更像是掉落下來的殘
渣，給從沒被餵食任何碎肉的腐食者好好舔食乾淨。[65]

　　「非正式工作完全隔絕於經濟體系主體之外」的說法並不屬實，向來都只是世界銀行等組織的片面說詞。而且，隨著微工作和零工規模擴大到取代全職工作，兩者之間的差異又變得更加模糊。如同戴維斯所說：「無疑地，非正式部門的無產階級，也在暗中為正式經濟提供部分勞動力。」[66]雖然這現象發生的規模不算大，但有充分資料顯示沃爾瑪等公司如何把供應鏈延伸到印度攤商。同樣地，全球時尚產業也向孟買和德里街道上的家庭服飾雜貨舖下單。[67]不過，這些原在周圍地帶發生的現象已經進到中樞位置。借助微工作網站的力量，供應鏈範圍延伸更廣、更難溯源，平台資本主義藉此把非正式工作的運作邏輯和現實帶到積累過程核心，並成為新常態。現在，世界上所有大公司底下都躲藏了一群經濟體系的流放者在支援勞動。平台便是看準這一點，知道這些在非正式部門拚命求生或在正式就業市場上勉強餬口的人，身處絕境而抗拒不了能改善生活的承諾。但這承諾打從一開始就是假的。非正式部門的零碎勞務工作，不外乎是大科技公司的微任務案件藍圖，並沒有提供權益、作業流程、職務角色和安全保障，更不用說能帶來前景。世界銀行把面紙小販和資料標注員一概稱為「微型創業家」（microentrepreneur），透露出難堪的事實：從微工作延伸到街頭叫賣的大片荒土，就只有區區的法規認定差別。[68]

第 2 章

人工或人類智慧？

對於平台巨頭而言，微工作者身分不明確的問題在法律層面不如本質來的重要。如大眾所知，貝佐斯把亞馬遜的 MTurk 接案者稱為「工人智慧」。MTurk 取名自「土耳其機器人」，指的是十八世紀由發明家馮・肯佩倫（Johann Wolfgang Ritter von Kempelen）創造的裝置。這台裝置仿造出自動下棋機器的模樣，但其實不是真的。土耳其機器人是個有著東式打扮的人偶，在土耳其菲斯帽（fez）和長袍底下藏著真人下棋大師。表演者梅采爾（Johann Maelzel）帶著這裝置在美國各地多次巡迴演出。某次詩人愛倫・坡（Edgar Allen Poe）看到後沒有上當，深信這是個造假的機器，於是寫了一篇揭發文〈梅采爾的棋士〉（Maelzel's Chess Player）來昭告大眾這是一場騙局。愛倫・坡認為依照預設程式運行的機器，不可能在對弈中打敗能臨機應變的人類思考模式，因為「棋局中的每一步沒有固定下法。光是某一個時間點的擺局，並不能用來預測出這個人會在其他時刻如何下棋」。[1]

有了機器學習的技術，且電腦也能夠做出這些預測後，大家可能會認定這些天真的想法已經不再適用。畢竟，現在都有電腦可以下圍棋打敗人類了。但是，目前還是有許多看似簡單的任務是機器很難辦到的。貝佐斯（跟梅采爾是半斤八兩的騙子）針對這些任務設計了一個平台，並以馮・肯佩倫的土耳其

機器人來取名。這其實就是十八世紀裝置的後現代改編版，平
台把人類佯裝成電腦運算技術，只不過換成是欺騙新創公
司、大集團和大學研究機構中易受騙或唯利是圖的人。

　　MTurk 一開始服務的對象只有亞馬遜僱用的程式人員。
二○○一年，網際網路泡沫最膨脹之時，AI 還沒形成如今這
麼有賺頭的市場，亞馬遜便已創立這個網站來解決公司內部的
一個簡單問題：演算法無法辨識商品登載多次重複。亞馬遜發
現請人來處理這些任務會更有效率，於是決定以專利推出
「人機混和式運算設置」，也就是 MTurk。利用 API 技術，
MTurk 讓公司的程式人員能寫出一套軟體，自動將電腦應付
不來的複雜任務外包給工人。

　　亞馬遜察覺到剛起步的平台經濟中廉價勞動力需求攀
升，於是在二○○五年公開發布 MTurk。現在大眾已經很熟
悉該網站的角色，即提供業主張貼 HIT 資訊給非固定工作的
接案人員，其他網站也以此為範例相繼仿效。有賴過去十年來
AI 成長速度飛快，Appen、Playment 和 Clickworker 在世界各地
擁有數百萬名工作者。在零碎資料問題還沒有全自動的解決方
案前，工作者的人數只會繼續增加。估算 AI 未來成長並非易
事，所以很難精準計量增加幅度。一項保守估計的數字顯
示，全球 AI 市場在二○○八年市值為一百億美元，而到了二

〇二二年會達到大約一千兩百六十億美元。[2]

如同上一章提到的服務業規模擴張，AI 能有此成長，是因為資本主義體系面對經濟衰退使出特異的適應手段，著眼於過去經濟活動的副產品以復甦經濟成長。資料商品化在過去被視為外部效應，現在卻成為世界大公司的重要商業策略。而且不只是 Google、亞馬遜、阿里巴巴和臉書這些大型科技平台，許多銀行和超市也涵蓋在內。提取、處理和分析的大型設施，使得資料科技和運算技術出現指數型成長。[3] 不受限制的風投資本、精密的演算法、摩爾定律（Moore's Law）[4] 以及「大數據」各個因素相輔相成，使得機器學習表現加速，讓各種創新成為可能，包含自駕車、雲端運算、智慧助理以及廣告策略，連同過濾和推薦影片內容的方法也在此列。

雖然「AI」和「機器學習」這兩個語詞常常混合使用，但確切地說，機器學習指的其實是 AI 發展的一個分支，要以大量資料集（data set）來訓練出模型，再套用這些模型來做出進一步預測。這個過程中結合了演算法，分析資料以提取規律和進行預測，而後再用這些預測結果產出更進階的演算法。這些產物在學習和創造新規則時，發展型態相當類似於人類智慧。目前的此類技術中，最繁複且廣受使用的是人工神經網路（ANNs），它唯妙唯肖模仿了人腦的神經元連通方式。經過

所謂「訓練」的過程，這個神經網路多次讀取某個特定資料物件的實例（instance），比如一張貓的影像或是一段旋律的音檔，然後透過演算法操控層層神經網路的權重變化，直到能辨認出該物件為止。新產出的資料，又將自動回饋到神經網路中，讓演算法更繁複。

　　這些技術讀取越豐富的資料，訓練成果就會更加完備，技術也更精進，進而提升多項任務的表現，例如圖像歸類、文字分級以及語音辨識。在眾多領域，這些進展讓機器擁有媲美人類或甚至超越人類的能力。深度學習的演算法在翻譯句子時，能高度掌握文字脈絡和語意上的細微差異，因此能力常比人類譯者還要優秀。AI 診斷師在辨識特定種類的癌症上，專業度已有醫師的水準。根據預測，二十年後語言辨識技術將會取代許多客服人員以及速食店店員。[5]

　　這些科技的發展速度，讓某些人擔心世界上高達半數的工作（主要是服務業）將會在二〇三〇年面臨自動化。[6] 因為服務業吸收製造業釋出的所有勞動人口，且目前沒有其他產業成形，這種情況會讓大量人口無處可去。[7]

　　為了要支持自己的論點，自動化的災難派人士常常會把矛頭指向已實行的特定發明。在客服中心，電話傳出熟悉的聲音，解釋「這通電話將被錄音以供培訓用途」，現在還表示會

把電話錄音用來進行機器學習。[8]麥當勞併購 AI 新創公司
Apprente，以便用自動化聊天機器人語音功能來取代得來速窗
口人員的口頭點餐。至於零售業，無員工的自動化店面在多個
國家如雨後春筍般開張，包含英國、美國和瑞典。Amazon Go
等商店標榜「拿了就走」，結合了自動掃描系統以及裝載著臉
部辨識系統的行動裝置應用程式，能將顧客的臉配對到他們放
進袋子裡的物品。自駕車對計程車司機的威脅在近年已成為一
大引爆點。除了自動駕駛計程車在倫敦、新加坡和紐約試辦成
功，其他多個領域也運用了這些車輛。[9]貨物裝卸機、吊車、
農用車以及送貨機器人在各場合廣受使用，像是醫院、工
廠、農場和礦場。金融類的「高技術」服務從一九八○年代初
開始經歷大型自動化，而二○○八年的危機使得進程速度加
快。在二○○○年，高盛集團（Goldman Sachs）的股票交易
櫃台共有六百名員工，到了二○一六年，只剩兩名員工，其他
全都被採用 AI 技術的交易演算法取代。[10]

　　認為這些科技終將受到大幅採用的悲觀預測，忘記特定科
技要普及的前提，是成本要比僱用人員更便宜。現在有些人反
駁道，過去四十年來提供給員工半吊子保障的低薪已經無法抵
抗這個潮流。致災天氣和大流行傳染病風險增加，表示對公司
而言，人事成本可能高於機器人成本。新冠肺炎疫情顯示，對

資本而言，透過人力來獲利相當不穩固。世界各地眾多工作者
因為封城或是染疫丟掉工作，且可能長時間持續失業。[11] 許多
公司深深擔憂，新冠病毒只是人畜傳染病盛行時代的開端。在
某些人擔憂的同時，也有些人似乎歡欣鼓舞，因為隨著阻斷人
畜傳染病的天然屏障塌陷得更嚴重，資本產生了矛盾，不得不
將經濟活動從人力轉向機械力來應對。如同自動停車技術公司
STEER Tech 的首席執行長索納克（Anuja Sonalker）所說：「人
類是生物危害，機器則不是。」[12]

　　然而，無論是災害事件或顛覆性發明致使機器消除大量人
力，幾乎都只是全憑猜測的說法。因此，許多人質疑末日浩劫
般的認定太過誇大。泰勒（Astra Taylor）撰寫〈自動化把戲〉
（The Automation Charade）一文，呼籲大家「思考自動化的意
識形態，以及隨之而來的人類滅絕迷思」。[13] 我們應該要多留
意以假亂真的「偽自動化」，就像是土耳其機器人當中藏的棋
士。[14] 貝納納夫以比較謹慎的語氣表示，進階的機器裝置和 AI
確實已啟用，但還不至於導致自動化預言者所描述的「毀滅工
作」。[15]

　　之所以有這些爭論，有個原因是從古至今難給自動化下一
個適用的定義。依照小說家馮內果（Kurt Vonnegut）所說，貝
納納夫主張「真正的自動化，是指一整個『工作類別，嗖一聲

變不見。』」[16] 這種簡化的說明是對自動化的標準闡述。

然而，現在自動化的影響並不在於完全抹除工作，而是工作任務的內容受多大程度的改動，因而影響到工作的整體品質。多數工作可細分為眾多任務，每項受到自動化的影響程度不一。自動化可能不會使整份工作消失，但會消除其中幾項任務。

依照這情形，AI 通常沒有創造出完全自動的系統，而是部分工作自動化、部分任務外包給群眾的系統。

如同 MTurk 等網站所顯示，就算某些服務業工作自動化，也可能永遠不會導致全面機械化，而是帶來人機混合模式。在向來難以自動化的工作，機器學習藉由將特定任務和管理職能部分自動化、人力細部分工以及即時外包，也能在生產力上獲取小幅成長。某些任務自動化之後，其他先前受限於地理位置的任務，就能夠放到全球範圍來尋求勞動套利。因此，曾經有合理待遇的工作不只走向無產階級化，還歸屬於非正式性質，變成了低薪而不固定的計件工作，與保障報酬和權益的法規規範脫勾。微工作網站不在既有司法管轄下，拆解掉工作者、僱主和地點之間的法律約束。如沃喬克（Jamie Woodcock）和格雷厄姆（Mark Graham）所說：「紐約的一間小企業可以某天聘用奈洛比的自由工作者來打逐字稿，隔天換

成從新德里僱人。不需要蓋辦公室或是廠房，不需要遵循當地法規，而且（多半）不用支付當地的稅金。」[17]

從更明顯的角度切入，微工作網站讓低技術的勞務工作和自動化系統合作得更緊密。就算其中某些技術並未成為資本主義經濟的普遍條件，但微工作教導、模組化和校正 AI，並在過程中讓 AI 學習如何擔任勞動者的角色。如果要讓自駕車能避免交通事故、聊天機器人能理解客戶的意思、自動交易機能承擔合理風險，首先要以經過清理和注解的資料來進行機器學習訓練，接著在開始運行後持續受人力監督。如果資料沒有經過整理，恐怕在訓練演算法時會有違程式人員的意圖。舉例來說，訓練聊天機器人辨識特定單字和文法，要運用有限的已注釋資料；萬一接觸到不受限的資料，它常常就會表現不穩。演算法要多次讀取音訊或是文字（有時候要數千遍），才能辨識出特定的言詞。以商用機器人來說，這項資料是由 Appen 等微工作網站上的工作者提供；該工作者把所需文字或是自己錄下的特定文字和句子聲音輸入給機器人。[18]要是未經管控而輸入大量原始資料，聊天機器人常常會隨演算法偏向極端內容發展。微軟的 Tay 是個「淘氣」的日常對話機器人，她在沒人管控的情況下學習推特內容，二十四小時後，就在推文中說出川普那種讓人毛骨悚然的貼文：「@godblessameriga 我們要蓋邊

界牆，而且要讓墨西哥買單。」[19] 訓練過程不受監督、沒有 Appen 或是 MTurk 上大批工作者先整理過資料，演算法就會做出出乎意料的事，例如複述法西斯敕令。

等到資料受清理和加注釋後，演算法還是需要各種人力輸入內容來協助學習、調校和導正運作情況。例如推特常使用 MTurk 上的人力來快速辨識熱門檢索詞條、分析內容並回饋到即時檢索中。在二〇一二年美國總統辯論期間羅姆尼（Mitt Romney）提出某個評論後，推特上開始流行「大鳥」（Big Bird）一詞。這時，MTurk 的接案者就受指示判斷使用者要找的推文是不是真的跟《芝麻街》的「大鳥」相關。[20] 遇到這類事件時，必須要用人力快速進行判斷，免得因演算法犯下錯誤而損失慘重——這會影響推特提取使用者資料和預測使用者偏好的能力。接著，工作者下的判斷會用來訓練演算法，提高演算法下一次達成任務的成功機率。

不只是線上工作，實體工作也是如此。柏克萊校園中，送餐機器人有部分的功能交由身處哥倫比亞的人員遠端操控，這些人收取兩美元時薪，在自動機器人出錯時加以控制和導正。[21] 如果把自動化勞務想像成人類監督和導正的持續過程，問題就不再是絕對的過剩，而是相對的過剩：工作者參與程度多高，以及他們維持生計的狀況如何？微工作顯示 AI 通常把

工作轉為非正式，而不是將其完全自動化。這表示未來大量工
作者不會被機器完全消滅，卻是被壓縮到快沒存活空間。

從低階到監管式的資料工作

雖然工作不至於在末日浩劫中消失，但對越來越多人而
言，造成致命打擊的是薪貧任務案件帶來的慢性死亡。這種勉
強餬口的工作越來越採用線上形式，是平台資本主義獨有的發
展走向。不過，把資料處理工作細分成更小的任務，這本身並
不是新現象。如同伊拉尼所說：

一九八五年《美國勞工部長多諾凡訴 DialAmerica 公司》
（Donovan vs DialAmerica）案，就是一種早期的 MTurk 型勞
動。僱主把人名寫在卡片上，寄給受僱為獨立承攬人員的在家
工作者。這些人員要查出每個人名搭配的正確電話號碼，並依
照完成任務數量獲得報酬。[22]

雖然法院最後認定這些人屬於員工，依照《公平勞動標準
法》（Fair Labor Standards Act）可領最低基本薪資，但現今的
數位計件工可就沒那麼幸運。且不同於偶爾出現的自宅資料工

作，線上微工作是個競爭性日益增加的大型產業。Scale、
Hive、Appen 和 Lionsbridge 的合作對象包含眾多大科技業客戶
以及銀行和超市。

這個產業可以大致分為兩類別：監管式群包網站（curated
crowd site）與簡式群包網站（crude crowd site）。後者的例子
是 MTurk，開放給任何接案者或業主使用，提供眾多一般類別
線上勞務，薪資則一貫低於基本生活所需。[23] 線上計件作業中
最低階的 HIT 內容包羅萬象，像是填問卷、短篇翻譯案件、
影像和音訊分級以及校驗演算法的判斷。HIT 獲取的報酬通
常不超過幾美分，且要被 MTurk 平台抽走兩成費用，讓這整
個冠冕堂皇將工作者當作免洗人力的系統現形。同此類別的平
台還有德國公司 Clickworker、遍及一百三十國並擁有超過兩
百萬名接案者的中國大型群包網站豬八戒，以及較小眾的
Microworkers。

管控更嚴格且具專業取向的平台提供監管式的群包勞
務。[24] 這些是客製化的機器學習勞務，提供給通常以長期合作
為原則的特定客戶。譬如，Scale 安排工作者處理倉儲機器裝
置所需資料。Lionsbridge 承接各種自然語言處理專案，包含自
動語言辨識、情感分析（sentiment analysis）和聊天機器人訓練
資料。這類網站的龍頭 Appen 提供金融服務、零售、健康照

護和汽車產業的機器學習，同時與亞馬遜雲端運算服務
（AWS）、微軟和 Google 雲端合作處理多項專案。雖然
Appen 的使用者人數並非最多，卻是現在微工作網站當中少數
的上市公司，並以跨國公司逐漸強大的實力買下 Leapforce 和
Figure Eight 等小型新創公司。[25]

　　為配合機器學習訓練所需的細節，這些網站上的工作常常
是集結多個類似任務的包案，通常需要一小時或甚至一整天的
時間完成，且報酬通常比簡式群包網站的任務案件來得高。舉
例來說，用來訓練臉部辨識技術的任務套組為一系列的資料子
集，包含搭配特定姿勢的臉、化妝或戴面具的臉、照明不佳或
從遠處拍攝的臉，以及表現出各種情緒的臉。因為這些網站上
的任務需要一定技巧，或是某個領域的專業知識，發案時會評
估語言和科技能力，還有文化素養深度。例如，Lionsbridge 表
示該平台擁有五十萬名諸如譯者的語言專家。[26]無論是監管式
或簡式群包網站，常可見到過去曾是高薪酬的好工作被重新包
裝成「低技術」的任務案件，這明確顯現資本對待各種「專
長」毫不手軟，把專業人士變成無產階級。

　　許多大型科技公司也有自己的內部平台。它們常用簡式或
監管式網站來吸引接案者。微軟創造環球人力關聯系統
（Universal Human Relevance System，UHRS）以因應公司的即

時需求，因為 Appen 和 Lionsbridge 等外部平台不符所需。
Uber 也是因為類似因素併購 Mighty AI，並用它來處理從駕駛
人員取得的資料以開發自駕車。Google 開發了 Raterhub，用承
攬契約發案給「評分員」（通常是菲律賓的工作者），請他們
針對公司搜尋結果是否符合使用者期望評分：搜尋結果品質良
窳，以及內容是否違法、牽涉色情或是冒犯人。產出的資料用
來教導 Google 演算法如何自動完成這些任務。這個工作的費
用微薄、工時長，且危害心理健康。[27] 閱讀否認納粹大屠殺犯
行的文章、觀看兒童色情圖片和恐怖主義的暴力影像，都會造
成評分或管理員心靈創傷，且實際會遇到的內容不僅於此。

　　雖然「簡式」和「監管式」用詞便於我們討論這兩大類
型，但兩者提供的勞務有不少重複之處。MTurk 經常用於基
礎目的，像是學術人員找尋廉價受訪者，以及行銷公司找人填
寫問卷。但該平台也用於更專業化的案件，像是訓練亞馬遜的
臉部辨識軟體和推特的即時檢索功能。[28] 資料訓練通常需要白
領受薪者程度的文化素養，卻只支付一小部分的費用，且沒有
提供任何權益和福利。從接案者訓練推特演算法辨識有關
「大鳥」推文的範例來看，迅速且準確判斷（這對推特預測使
用者偏好來說十分關鍵），需要能充分掌握時代潮流的知識水
準。如果是在二十年前，要求如此文化涵養的工作，會支付全

職人員薪資。現在，這工作以低薪、甚至無薪交由教育過高的
過剩人口——這些人擁有大學以上的教育程度，並有專業工作
的能力和培訓，卻無處可施展長才。

　　如此剝奪薪資、權益和才能的現象，正是當前自動化對服
務業造成的真實影響。但是，在工作機會將更甚以往大量流失
的聳動推測中，工作者的實際經歷遭到埋沒。無論是否認派或
是災難派，自動化理論學家的討論焦點往往擺在大量失業
上，但工作的末日大浩劫不是真正的議題核心。事實上，我們
面臨的是，越來越多服務業工作變成零工、微工作或是群包工
作的型態，而自動化表示人要處理演算法或是跟演算法一起共
事。以微工作而言，這些所謂「工作」往往跟無業沒有兩
樣。

第 **3** 章

人即勞務

　　微工作的大力鼓吹者及不太情願的支持者，通常會強調這個新興發展是能夠提供支薪就業的新來源。畢竟，AI 可能不像眾人所想的會消滅工作，而是能創造工作。世界銀行打頭陣發起這個危險的樂觀主義，推動微工作來當作解決世上最貧窮和邊緣化群體問題的方法。長期倡導勞動套利的世界銀行提議：「低勞動成本能為發展中國家的工作者帶來競爭力優勢。」[1]這類的聲明語調平淡到幾乎帶有諷刺的味道，正顯現出糟糕的全球發展新共識。如同 Samasource 的已故首席執行長珍娜書作的標題所示，現在的目標是「給工作」而不是給援助。[2]為了要拉攏手中握有這種勞動力的 NGO 和國家典獄長，她進一步撰寫簡報〈中東及北非青年就業的扭轉情勢機會〉（Game-Changing Opportunities for Youth Employment in the Middle East and North Africa），裡頭提出有待商榷的聲明，表示美國微工作者平均每年能賺取四萬美元。[3]同樣內容空洞的《哈佛商業評論》（Harvard Business Review）文章，也暢言微工作讓原本沒工作的人能獲得「維生薪資」和「技能」。[4]且該文無視矛盾，繼續表示「顧客使用微工作中心、而非找大型營利供應商合作，就能少支出三成到四成完成工作所需的費用」。這就是所謂的維生薪資。

　　就連國際勞工組織這種不屬於狂熱新自由派的機構，也偏

向提倡微工作或是完全順其自然。國際勞工組織針對微工作做
了一份大型問卷調查，撰文者承認線上資料工作的條件並不理
想，卻大力強調「這是工作者能獲取收入的新機會」。[5] 此議
題的學術文獻也有同樣問題。格雷（Mary L. Gray）和蘇里
（Siddharth Suri）的著作《幽靈工作》（Ghost Work）雖多次明
確描述工作者面對的危難，有時卻也欣然接受微工作提倡者營
造的假象。該書藉由真實工作者的現身說法，揭露承接線上案
件的背後緣由，像是能獲得機會學習技能和換到更好的工
作。[6] 如果要更誠實地描述這些工作，就應該強調這些志向真
正能實現的證據不足。從撰文者提供的稀少證據可見，微工作
反倒像是當前就業市場中的海市蜃樓，而不是充滿機會的綠
洲。

　　本書的目標就在於闡明微工作並非新的工作和技能來
源，而是類似於維多利亞時期的英格蘭、十九世紀的那不勒斯
或現代孟買街頭上的求生怪景。除了世界銀行等機構提出的
「人要自力更生」的陳腔濫調，我們應該要問的問題如下：微
工作網站真正的支薪狀況為何？微工作是否提供如同真正專職
工作的技能和福利？這些條件是否不同於其他無薪的求生法
則？是否妨礙如傳統勞動階級般建立組織和團結？如此提問能
引導我們發展新型態的抵抗，以應對看似未知卻又莫名熟悉的

新工作型態。

從薪水到賭注

如果說工作是遊玩，而認真工作的意思是沒什麼在工作，那會是什麼情況？這是 Playment 和 Clickworker 等平台給的承諾。這些網站上放著時髦年輕人慵懶躺在沙發上隨興用筆電的圖像，暗指如果工作仍存在於我們的美麗新經濟中，趣味程度堪比打電動或是買衣服。沉穩色調的遠端工作夢情境照蠱惑人心，讓細瑣的計件工作散發出前途似錦的光芒。「工作」或是「工作者」的講法像是殺風景似的，因此這些網站只說「使用者」、「任務俠」（tasker）或「玩家」。這時玩樂等同於報酬。「歡樂遊戲化的合規管理制度」，也擴展到工作流程本身。[7] 螢幕上的排名、非金錢獎勵和獲取新等級認定（如 MTurk 神祕的「認證大師」），都將工作案件遊戲化，因而模糊了工作和玩樂之間的界線。

但當薪水變成了「點數」或是「獎勵」，休閒消遣很快就不再是娛樂，而是竊取薪資行為（wage theft）。[8]「獎勵」這種玩文字遊戲的花招顯示接案成為賭博，而薪水不受契約規範，反倒成為工作者決定承接案件時押下的賭注。[9] 如果不是

給低於基本生活所需的費用（MTurk 上有九成的案件每件不到○‧一美元），就是根本沒付費。[10] 一份針對多個微工作網站的大型調查顯示，有三成的工作者長期無薪。[11] Clickworker 上，高達百分之十五的案件沒有付費。[12] 換句話說，資本的線上基礎設施很大一部分靠無償勞力在經營。這是一段漫長歷程的延續，如同庫珀（Melinda Cooper）所說：「在後福特主義時代的環境下，薪資本身成為某種投機活動……領不領得到，要視表現指標的達成狀況而定，且需要預備好投注未知時數的無薪工作。」[13] 因此，接案者的處境，越來越像是在魔術般變化莫測的經濟中賭博和碰運氣。微工作就是這段歷程的黑暗尖峰，使得工作者繼續回來接案的，是下一個案件會支薪的可能性。複雜的獎勵發放時程和可議的定價把案件變得遊戲化，並有效地將過剩人力和不穩定的工作性質包裝成刺激的新型趣味工作。

　　一旦薪資變成賭注，工作者身分就被打上問號。資本將薪資和工作綁在一起。這不只關乎定義問題，還涉及重要的政治意涵，因為工作者和薪資之間的關聯就是對抗資本的基礎。人一旦沒有薪資，就不能稱為工作者，而是奴隸或是過剩人力，這兩種類別不僅在概念上有區別，拉到政治層面來說也是非常不同。因此，「家務有價」（Wage for Housework）等倡

議運動要求薪酬從「暗藏處」擴展到家務勞動。[14] 如同費德里奇（Sylvia Federici）所說：「家務無薪的現象，向來是強化**家務不是工作**這個常見假設最有力的武器。」[15] 微工作常常沒付費的情況，也顯示「工作者」身分受到類似的否定，就像是告訴大家零碎資料任務跟照護和家務沒有兩樣，都不配獲得正式認可。

微工作網站當然保證會支付薪水，但因為讓業主隨心所欲全權處理，結果就有許多案件沒付費。看似中立的制度安排，其實常以系統化方式偏袒非強制支薪的作法。就算有支薪，案件費用也低得奇差無比，使得薪資失去了能延續生活的作用。MTurk 是唯一統計過薪資的平台，它的接案者時薪低於兩美元。[16]

這些網站用盡方法竊薪，其中效果最好的就是付款方式本身。在光彩亮麗的豪華自駕車和送貨無人機背後，可以看見矽谷最令人大開眼界的節省勞動力裝置重現了十九世紀的經濟模式。論件計酬讓僱主能根據完成品來付費，而這種支付方式的竊薪風險最高。可別忘了，馬克思就是因為這樣而認為論件計酬是「最適合資本主義生產模式的支薪形式」。[17] 論件計酬是維多利亞時期資本主義模式的一個常見特徵，在二十世紀理性化過程中，幾乎從北半球世界退場，爾後工作任務變得標準化

且以時數計薪。然而，這仍是南半球龐大非正式部門之中最常
見的支付方式，成為被迫在經濟體系邊緣辛苦討生活者的表面
依靠，這群人包含人力車夫、拾荒者，以及在血汗工廠接國內
或全球供應鏈的分包工作的工人。

　　計件工作回歸到歐美地區，是用來面對服務業產值難題的
粗糙解決方法。食品、郵遞和會計等工作類型沒有簡易的自動
化解決方案，因此 Deliveroo 和 Upwork 等網站，不分專業人士
或一無所有者，好心地為他們改造維多利亞時代的資本主
義，把計件工作推行到各式各樣領取工資或薪酬的專業，無情
榨乾工作者。而 MTurk 之類的網站更是有過之而無不及，它
們在意的無非是拚速度，品質把關則是其次。在微工作網站上
登載的許多案件，其實是 AI 已能做到的，但在速度方面真人還
是占上風。[18] 既然 MTurk 上一件五分鐘的 HIT 只付二十美
分，接案者必須要動作夠快才能達成每日需求。

　　承接計件工作時，工作者會遇到長時間要找新工作的空窗
期，所以通常要拉長總工作時數才能求得溫飽。就像其他只得
任憑市場擺布的人，找工作的時間比實際完成的時間還要
長。一名先前在阿帕拉契亞礦場（Appalachia）工作、後來到
MTurk 接案的人，如下描述平台工作的典型一天：

如果我一天工作十二到十六小時，大概每小時賺五美元。但那
是有工作可做的情況。要是把在找新工作而沒實際工作的時間
也算入，那麼時薪就會低上許多。現在有很多人在做這一
行，但好工作數量變少。有時我會在半夜爬起來找是否有好一
點的案件。多數 HIT 沒在一出現就點下的話，馬上就會消失
不見。[19]

　　如同非正式部門的其他行業，微工作網站網羅了「長期的
豐沛勞動力」。[20]這個供過於求的情況，加上他處少有就業機
會，使得工作者必須在夜間找薪酬微薄的案件。不同於孟買或
是金夏沙等擁擠城市當中勞動力的自然過剩，這種豐沛勞動力
是策畫出來的。微工作網站的設計方式，就是要吸引高於案件
需求所需的人數，這樣就能提升生產力並壓低薪水，因此所有
人都不得不接受長工時和夜間工作的惡劣條件。如同前文的描
述並不少見。一份針對非洲下撒哈拉地區的微工作研究發
現，肯亞工作者經常每週工作高達七十八小時。[21]
　　在速度要快且工時長的壓力下，準確度勢必會下滑。但
是，對於這些費用極低的案件，業主並不擔心出錯的問題，他
們把大量的類似工作交給多名工作者，心裡也知道許多「成
品」不能拿來用。業主最在意的是短時間內能完成夠多品質堪

用的案件。

　　為了確保維持一定速度，多數網站會允許業主對案件設下時間限制。假如超過時間，支付費用就要打折。以 Leapforce（二〇一七年被 Appen 收購）而言，一般案件要在三十秒到十五分鐘內完成，且案件常常是從最大客戶 Google Raterhub 發出的外包任務。[22] 但是，即使接洽的是這種知名客戶，Leapforce 的平台並不靈活，還時常會延遲。[23] 任務載入時間比指定完成時間還要久的情況也經常可見。這裡的問題一清二楚：業主（此例中是 Google）能收到完成的案件，卻能以遲交為由依法撤回費用。就算是比 Leapforce 精巧的網站，接案者也會遭遇伺服器不穩定、連線不佳和惡意業主的變數。MTurk 上，時間限制只是案件需時的參考，但因為是由業主自訂，這些人又一心想要節省成本，所以案件可能標示為十五分鐘一美元，但實際上卻將近半小時才能完成。接案者可能沒發現這情況，等到已經工作十分鐘後才察覺。做下去之後，想退出接案就只得放棄業主的款項。

　　就算案件在指定時間內完成，也可能最後沒付款。這些業主認定的「劣質品」多半未經過詳細審視。西爾伯曼（M. Six Silberman）和伊拉尼在研究亞馬遜的 MTurk 付款系統時發現：

在照片上加標籤的案件可能會張貼為兩份工作，並交由兩名接
案者完成。要是兩人應答結果相同，業主的軟體就會支付款項
給他們。要是結果不一樣，軟體就會再度張貼需求……在這流
程下，答案符合「多數」結果的人能領取費用，答案不同的那
個人就被假定為答錯而無法收費。[24]

這個案例中，三名接案者中只有一人失去薪水。但放大來
看，數百名接案者完成相同案件時，可能有六十人能領錢，其
他三十人則沒錢領。因為業主能輕易表示成品不符期望（無論
實際標準放多低）而扣留費用，系統就這樣模糊了收費和無償
勞動之間的界線，以及商品化和去商品化的分別。

血汗制度再次捲土重來，不過數位血汗工廠甚至比維多利
亞工廠更易於竊薪。複雜軟體的建構方式，把竊薪的量變轉化
成質變，就如光天化日搶劫般，正以遍及全體系的規模將薪資
推往荒謬情境，變成任憑裁定的獎勵。十九世紀的紡織廠
中，發薪人、發薪時間和地點在一定程度上是固定的，所以萬
一薪資短少，工作者便會發現，也才能夠發動罷工或是走法律
途徑。就連現在一般職場上，薪水通常也是由單一一名熟悉的
僱主支付，這樣工作者有異議時較容易找算帳對象——想想看
一九三四年美國紡織工人大罷工，他們就是因計件工作的薪資

縮水而走上街頭抗議。[25]而在微工作網站，並沒有固定的工作場所。一天下來有多名「僱主」且他們完全匿名，躲藏在掩藏身分的介面後頭，因此接案者並不知道自己在為誰做事。

　　若不是因為平台在設計上鼓勵違反薪資契約，所謂的「惡質」業主就不能拒絕付款。為了保護自己中介者的身分，平台宣稱「性質中立」，卻拒絕在接案者與業主之間有紛爭時介入處理。如此過度強調自由市場教條的中立立場，使得偏袒升高到荒謬的程度——這種中立立場讓業主能以案件成品不堪用為由扣留薪資，同時又賦予業主完整的智慧財產權；完全匿名保護業主身分，卻公開接案者的資料細節；業主能自由來去，接案者卻得受困於付款保留期。監管式群包網站如 Appen 和 Lionsbridge 吸引長期客戶，但這些客戶沒有義務持續留在該平台。這表示業主能未付款就輕易消失，而接案者被迫要等到能收取款項為止，有時候是加入網站後三十日，或是等到款項累積到特定金額才能提領。[26]

　　這樣一來，薪資常常在接案者還沒提領前就消失了。微工作網站的一個殘暴作法，是凍結抗議者或行為被判定違反網站規則的帳戶，通常什麼說明都不會給，然後凍結期間的所有薪資恐怕從此歸零。[27]被平台除名的帳戶，其實多半沒有違規；無論是軟體故障或是所謂接案者的「過錯」（像是變更住址或

是銀行資料），常常都被視為違反網站規則的行為。[28]

在資本主義的故事裡，相當一部分是個人漸漸接受薪資生活的規訓架構，就算有酬工作本身遭到腐蝕。如同湯普森（E. P. Thompson）所言：「新的勞動習慣經由以下各手段產生：分工、監工、罰款、計時、金錢誘因、說教和培訓、打壓市集和體育競技活動。」[29]除了這些用來打造服從秩序的勞動力的舊時技巧外，現在還要加上凍結帳戶和公開評分系統。這等於是讓「僱主」可以無預警開除工人，把工作環境帶回到像是英格蘭維多利亞時期那樣，只不過現在靠的是演算法判斷的假客觀標準。

積分制度營造出客觀的假象，讓業主能以數字來衡量接案者表現。但這制度本身的偏袒程度不亞於凍結帳戶。它的實際採用方式因平台而異，不過通常都是接案者會收到舊業主所給的各項分數的綜合評比，公開在網站上讓其他業主能參考他們工作表現的好壞。少數人晉升到人人稱羨的大師級別，如此評比能增加薪酬。但對多數人而言，通常卻是停滯不前或日趨下滑，只能眼看評分往下掉。計分相當專斷，要不必須重新找工作，要不就是被剝奪權利。在 Microworkers 網站上，認證評分（「暫定成功率」）落在百分之七十五以下的話，就會被禁止接新工作三十日。[30]從這個例子可見，如果接案者遇到特別嚴

屬或是惡質僱主讓評分降低，就會名聲掃地而減少找到新工作的機會。

　　透過這種方式，整個結構使得原本就無甚契約效力的薪資變得更容易化為烏有，讓 Google 和微軟等公司能掌握過度的匿名優勢和變通權力，只要案件沒在它們不合理的時間限制下完成，就能免除付款。這害接案者被套牢、身分暴露且在多個方面沒有反抗能力。

　　除了這些竊薪手段，還有其他直接壓低薪酬的形式。舉例來說，許多平台只支付非金錢的「獎勵」。Piocoworkers 用亞馬遜禮物卡和加密貨幣來當報酬，Swagbucks 則是給沃爾瑪禮券和星巴克兌換券，InstaGC 提供各種大眾品牌禮物卡給接案者選擇。訪談當中，Crowdflower 的創辦人隨口說出該公司「支付接案者的，是多個線上獎勵計畫積分及電玩遊戲金幣」。[31] 禮券和代幣確實算是商品（因此並非將付款完全去商品化），但跟金錢仍相差十萬八千里。以金錢支薪有十足的好理由。錢是資本主義體系的記帳單位，能交易成其他任何商品。相較之下，雖然亞馬遜自稱為「什麼都有的百貨商店」──一種企業形式的一般等價物（universal equivalent）──但它的禮物卡不如金錢般普遍適用。[32] 禮券限制了交易範圍，只能用於特定公司販售的財貨或勞務，因此限縮了工作者能達

成日常需求的方式。畢竟人沒辦法光靠星巴克禮券過活。

　　考量到規模和地理分布範圍，MTurk 或許是這方面最值得深究的例子。來自世界各地的接案者都使用這個平台，但不是所有人都能使用銀行收取匯款。根據亞馬遜官方說法，多數人要「用禮物卡換取……獎勵」。[33]這個制度對不同種族作法差異頗大：平台提供多數歐洲國家銀行匯款的選項，而波札那、卡達和南非等南半球國家的接案者卻只能收到禮物卡點數。對於這些國家而言，平台好比是座數位公司市鎮，完成案件後收到的代幣只能用在亞馬遜提供的勞務和財貨。就連幸運能獲取現金當勞力報酬的人，真的要取用，還是實在有限。二〇一九年 MTurk 的支付系統變更之前，多數印度接案者都是收支票。這些支票常常在中途遺失或是無法兌現──特別是因為貧民窟和偏遠村莊很少提供郵政服務，且無法使用銀行設施。[34]

　　微工作薪資受到的契約保障，幾乎都不如資本吹捧家和擁護者口中常講的通用契約型態。數字絕對沒有到世界銀行隨口喊的四萬美元。這就是平台資本主義一項重要卻不明顯的特徵：負責將大量資料轉化成實用資訊來維繫體系的工作者，卻在薪資方面受到馬虎對待。微工作網站允許大型平台掩蓋這個現實，或至少增加對這件事的接受度。Google 和微軟的勞動

力藏在行銷的海市蜃樓後，表面看起來微工作不算是真的工
作，而微工作者不算是真的工作者。時常可見，業主不用支付
工作者就能獲取工作成果。只有真正付出工作的人知道實際的
辛酸：所謂幹少少活就能領錢，其實根本是做一堆活還沒錢
領。

人即勞務

　　如同其他靠著非正式勞務牟利機會維生的人，微工作者沒
有顯而易見的專職工作。「微工作者」、「群包工作者」和
「人機迴圈」（humans-in-the-loop）等籠統的用語，都顯現出
想把負面場域包裝得頭頭是道的意圖。當然，起初的問題在於
「微工作」一詞源自於 Samasource，對該平台而言，難民充其
量只是發展 AI 可利用的資源。這個用語巧妙地符合這些人士
的利益，他們連同世界銀行等機構都想要美化貧窮化行動。確
實，「微工作者」的講法常常被用來描述一種具有**作業流程**和
特定任務的專業，好像它跟「律師」和「醫師」可以相提並
論。但從本質上看來，微工作變動大、不規律且沒有特定型
態。描述這個空洞特質最精妙的，或許首推貝佐斯無意之間在
行銷 MTurk 時厚顏無恥講出的「人即勞務」。[35]雖然是沿用

「軟體即勞務」（software as a service）的講法來把勞動力偽裝成電腦運算力，但對於這種任務內容雜七雜八且常從其他工作切割而來的角色，貝佐斯的用語確實捕捉到它的空洞性。這讓我們思索一個問題：如果不算是專職工作，那微工作究竟是什麼？

　　十九世紀末，專職工作開始式微，因為專業分工和相關角色經歷一波大變革。資本主義體系問世改變了生產的本質，也連帶改變了工作的本質。過去單一工人的產出成為社會產出，也就是經由多人之手和心力投注的合作結果，且分工方式變得更細緻。[36] 二十世紀，這過程隨著資本發展歷程進入服務業，包含金融、法律服務、餐旅及零售業都聘用了高度分層的人力。不同於小型獨立商家老闆要包辦多項任務來經營下去，大型超市將勞動切分成裝櫃人員、結帳人員、存貨盤點人員、顧客服務人員、熟食櫃台人員以及管理人員。眾多職業在自動化的浪潮下消失的同時，也會有新的職業產生，尤其因為要透過發明新的特色勞務來讓持續增加的過剩人口有工作——可以再次想想線上交友助理、寵物治療師和各種類別的「顧問」。

　　但隨著專職工作（和偽專職工作）數量增多，品質通常會跟著下滑。比起當前勞動市場，過去的專職工作曾更能夠在繼

承技能、知識和文化後，傳遞到往後的各個世代。如同高茲
（André Gorz）文中所說，真正專職工作的這個精髓已經衰退
了幾個世紀：「工匠師傅的訣竅是在那個行業中培養出來的**個
人能力**。每名工匠都會不斷持續精進技藝：學習和進步永遠不
會停止，需要持續習得新技能並使工具完善。」[37]

　　高茲所說的當然是指大型工業興起以前的世界，當時特定
行業的訣竅只會留在工匠身上。現在，複雜的分工方式和先進
技術系統表示工作不再屬於個人。訣竅不再存在於任何職業本
身，而是在規範工人活動的機器中、管理階層創造出的任務細
節描述中，以及從辦公室或工廠監督紀錄蒐集而來的工人考核
報告中。由此看來，不僅是記憶、知識和傳統，就連經驗本身
都因資本主義體系而異化。

　　但是，就算工作過程被科技訣竅宰制，類似高茲所稱的
「專職工作」仍有遺留痕跡。自動化和理性化使得「個人」工
作的概念變得貧乏，但多數工人仍有「**角色**」，且每天都有規
律的內容，無論變得多麼乾涸或是缺乏個人性。我們能把這種
規律性想成是過去曾被稱為專職工作的亡靈軀殼，基本上已被
機械和管理系統抹除，但尚有一絲氣息存續下來。

　　微工作網站上，卻連這一丁點的蹤跡都消失殆盡。用手機
和筆電做的短任務案件，不再能稱為真正意義上的專職工

作，而是其他差事細部切分且極短的零工，通常都在三十秒
內，且每份任務案件彼此之間關連並不大。

　　這個問題在簡式群包網站特別明顯，因為不如監管式網站
那樣提供了數小時或數天份的任務套組。一天下來，MTurk
接案者可能翻譯一段文字，聽英國腔音檔打下逐字稿，教導演
算法辨識腳踏車，為電子商務網站寫產品描述，標出網頁上冒
犯人的內容，填寫新冠病毒問卷，接著去麥當勞店面拍攝
「快樂餐」然後把照片傳到網路上。另一方面，使用這些網站
的業主享有很高的彈性，理論上可以在一小時之內聘用及解散
整個團隊的人員。

　　要打造這種程度的彈性，首先要把現存的工作和計畫切割
成數個短任務案件。這裡以譯者的角色為例。理論上，現在許
多基本翻譯工作已能用深度學習演算法來完成，但也有許多任
務需要程式編寫尚且無法處理的文化敏銳度，像是詩歌和小
說。對於較不需要辨識細部語意的案件來說，Lionsbridge 這類
平台能把文字細分成給演算法翻譯的部分，以及剩下讓譯者翻
譯的短段落小案件，包含：「對話主題歸類、判別陳述蘊藏的
情緒、區分意圖並辨識詞性。」[38]如果要聘請數名優秀的全職
譯者或語言專家，就得涉及權益保障、合理價碼和工會資
格，相較之下公司能租借由五十名匿名接案者組成的臨時團隊

來擔任相同角色。

　　再舉另一個例子：令人擔憂（或備受崇敬）的自動化管理，其實是將完整的工作拆分成數個任務──有些交給機器，有些交給工作者。例如，Uber 常被批評，它完全用演算法取代管理人員。實際上，現在許多管理角色分為演算法和一群 Appen 等平台上的工作者。因此，管理變得與過往非常不同。計程車公司的管理者通常需要監督一個車隊的駕駛人員，尤其是要確保他們安全上路、身分屬實等等。Uber 在這方面遇到困難是眾所周知的，特別因為採用的臉部辨識軟體易出錯。駕駛人員如果剃掉鬍鬚或換新髮型，就可能在對照身分時因為日常面部驗證失敗而被標示為危險人員。[39] 因為演算法無法評估駕駛人員的可信度，所以會自動將驗證任務發送到 Appen 等平台。[40] 接到該案件的人有三十秒時間來檢驗這名駕駛人員是不是本人。如果接案者判斷「是」，就能夠發車；如果「不是」，就會取消上路資格並鎖住駕駛人員帳號。在不到一分鐘的時間內，接案者間接扮演了 Uber 管理人員的角色，對監控人力派遣流程及公司工作流程決策的演算法進行了監督之責。

　　一天之內為二十幾家公司工作，一週囊括數百件不同任務，從語音翻譯到暫時管理計程車服務，工作者不再擔任單一

明確的角色，而是內容包山包海到無法構成專職工作的地
步。工作不再是「生活方式」的現象又往前邁向了一步，如同
歷史學者安德森（Perry Anderson）所描述：

詩人波特萊爾（Baudelaire）或是馬克思、劇作家易卜生
（Ibsen）或是詩人韓波（Rimbaud）、藝術家格羅茲
（Grosz）、劇作家布雷希特（Brecht），或甚至是哲學家沙特
（Sartre）、小說家奧哈拉（O'Hara）等人所認定的中產階級
人士，已經是過去的事。瞬即消逝的液態水族館取代原本固態
的圓形劇場——當代資本的策畫者與統管者、稽核員與守衛
員、管理者與投機者，這些在金融宇宙中的職能並沒有固著的
社會角色或是穩定身分。[41]

　　隨著工業化將固態中產階級生活融化成具備流動性的現代
專業，且現在又因 AI 的進展使得這些專業細分為一團任務
雲，過往較固著的專職工作留下的任何文化痕跡也消失無
蹤。這種專職工作及收入的過度分工不僅限於微工作。
Clickworker 與 MTurk 大概算是幾個範例，指出朝向特色服務
經濟發展的整體潮流，且在全世界都迅速成為標準的工作秩
序。新形成的社會極化現象向以下兩族群招手——而且他們或

許早已各就各位：擁有單一固定職涯者，以及被迫早晨遛
狗、下午掃屋子、晚上當出租好友並在深夜繼續找線上工作的
人。

　　當然，不免有人會懷疑，偱充專職工作的空洞幻影的終結
沒什麼好悲哀。但是，隨著這現象成為過眼雲煙，過往組織正
式勞工運動的政治載體便也同時化為烏有。過去曾經能與無窮
盡的資本力量相抗衡的體制，現在已經在面對低成長經濟時遭
遇適應困難，而此時經濟中服務業工作（通常是暫時且不穩定
的工作）占了當前全球就業比例的一半以上。[42] 確實，就如眾
所皆知地，現今驚慌失措的工會文化，根本無法組織動員無固
定專職工作身分的工作者。然而，必須要強調的一點是，被迫
在零碎工作之間漂泊的人們，完全被應給予援助的體制放
生。更直接地說，在 Clickworker 等網站工作的人只能自生自
滅。執筆之際，只有德國金屬工業工會（IG Metall）這一個工
會試圖組織這樣的勞工。

　　至於其他類型的平台勞動力，要有某種類似穩定專職工作
的身分，才能獲取工會資源。英國大不列顛獨立工作者聯盟
（Independent Workers of Great Britain，IWGB）等新工會力圖
組織工作性質不穩定的人，已聯合了 Deliveroo 和 Uber 等公司
的送貨員和計程車司機。而在歐美多處，勞動市場的法規架構

仍優待有長期工作和固定作業流程的專職身分者，彷彿倒退到過去至少在某些地區以所謂「典型僱傭」（standard employment）為常態的短暫時期。歐美微工作持續成長，恐怕讓越來越多工作者無法獲得專職工作才有的保障。事實上，隨著經濟體系中其他領域對人力的需求嚴重下降，使得歐美的工作者越來越將微工作視為全職工作，而南半球此現象更早已發生。更有甚者，隨著微工作越來越盛行，範圍可能不再局限於零碎工作，而是擴散到任何種類的專職工作。雖然許多工作以長期專案和職位的方式進行較有效率，但更多白領工作（例如會計、金融、文案、翻譯等的部分內容）也未嘗不可細分為零碎任務，尤其是在這些角色自動化程度越來越高的情況下。這趨勢恐怕將使越來越多專業人士要以狩獵採集的方式賺取薪水。

　　因此，微工作其實不能算是「創造工作」的新方法，如世界銀行撰寫的鼓吹報告和文章所說那般──其中一篇便宣稱：「百萬份任務案件能帶來數千份工作。」[43] 事實上，這種文章倒置了體系的邏輯：體系的目的是把數千份工作轉變成數百萬件任務案件，而任務案件卻無法輕易變換成工作。恰巧與新自由派樂觀主義的美好奢望相反，微工作營造出的幻覺就跟非正式部門營造的一樣，就如戴維斯的總結：「它所產出的工

作，不是靠進行新的分工，而是把既有工作切割成碎片，因此收入也跟著被細分。」[44] 工作者以各種取自於其他工作殘骸的低技能勞動湊合生計。若說經濟的剩餘邊角能在湊合後成為某種類似於專職工作的東西，無非就是世界銀行用陰森魔法煉成的科學怪人。

可見，全球微工作盛行是危機發生的堪憂症兆，絕非勞動市場運作健康的跡象；在此危機處境中，零碎任務案件被佯裝成正常就業，以便掩蓋使得像樣工作僧多粥少的嚴重過剩人力。如同過去的積累體制，平台資本主義蔓延全球，不斷追擊著生活悲慘、黯淡無光以及尚未在就業市場上立足的人。只不過如今，拜資訊、通訊技術和機器學習所賜，它能找到真正無處可去者——在這個劫難不斷的星球上勉強存活的裸命。平台資本主義並沒有像先前的體制般為勞動人口製造出各種新的專職工作，而是有效地讓他們永遠淪為在市場中無處奔逃的儲備軍，待工作案件需求發落。

第 **4** 章 ————

掘墓工作

　　一架無人機盤旋於巴西聖保羅大型貧民窟帕賴索波利斯（Paraisópolis）上空，它飛過整片領地，冷漠地穿越一間間棚屋，目的或許是要將影像傳到憲兵隊管理中心，即無情壓迫貧民窟住民的殘暴國家機關。無人機又飛過了剛登入 Scale 網站的用戶住家上空，該網站招聘中東和拉丁美洲的工作者標記影像以導引自動無人機系統。[1] 這名接案者並不曉得空中發生的事，也不知道自己手邊工作的用意在哪。無論這些任務是用來讓自動武器系統轟炸貧民窟地區，或是提供地理資訊讓人道機構援助這些受災區，相關資訊都不對這些工作者公開。任務本身的相關資訊都不會透露出真實目的。接案者要取得這類資訊端看業主誠信，但這種善心少之又少。

　　如果說微工作代表非正式部門工作樣貌的轉變，它同時也對給薪就業市場中地位邊緣者施加新形態的劣質待遇。當今社會中，窮人和一無所有者在不知情的狀況下訓練機器來追蹤自身的行動，並對自己居住的社區進行恐怖行動，或是取代自己在勞動過程中的角色，這些就連馬克思生動描述的噩夢般景象都始料未及。不得不說，這些平台主義的新興作法並非代表經濟發展的岐徑，而是以凶兆預示未來世界多數工作的主要和次要角色都是饋入機器學習系統。如此一來，微工作恐怕危及「工作」一詞本身的定義：啟動新改變。因此，本章所描述的

現象不僅僅是微工作的特徵，也是對於如何在資本主義的衰敗中組織整個次就業方向的初步實驗。

黑盒子式的勞動

　　若說現代經濟在新理性主義神話——工作者以理性能動者的身分自由進入工資關係——的庇佑下勝出，那麼，微工作要不是揭露備受喜愛的論述內容空泛，就是表示我們來到了新的世界。答案可能兩者皆是。當然，自食其力的教條派和薪資的推捧者向來誇大了經濟行動者能獲取的資訊，甚至是完全將其扭曲。縱使如此，微工作確實顯現隨著平台資本主義的到來，一種新的主體也跟著出現，不再是受知識所啟蒙，而是深深落入資料的黑暗處以及從中誕生的陰暗世界。從某些方面來看，可謂微工作完美演繹了馬德勒（James Bridle）提出的「新黑暗時代」（new dark age），反轉啟蒙的意義，原應照亮世界的工具使人陷入科技導致的無知，且最終將會落入蠻荒的境地。[2]

　　但這個新的無知狀態有著舊階級的根源。知情者和被蒙蔽者之間的差距，因近期「大數據」的各種相關創新而加深。然而，其中許多創新根本誇大不實，像是資料分析顧問安客誠

（Acxiom）等公司宣揚能帶給客戶全視角「三百六十度顧客總覽」。不過，資本長期都以預言家自居，而它的常見手法就只是遮蔽勞工的視野而已。現在跟過去的不同，大概在於更多事情發生於眾人看不見的地方，因為演算法自動做出更多決策。資料神祕派人士及套利者為了要把持演算法密術，就必須要在經濟中製造盲點。

　　其他位於供應鏈邊緣者的視野勢必也受到遮蔽——在孟加拉為普萊馬克（Primark）縫製服裝的人，並不知道自己出力服務的公司是哪間。普遍來說，工廠工人或是商店助理並不完全曉得自己受到剝削，因此馬克思《資本論》（*Capital*）常被引述的名言寫道：「他們不知道，但他們還是這麼做了。」[3] 但工人確實知道自己是在製造車用輪胎，或是販售給人穿的衣物。就算是在為遠地軍事承包商製造零件的公司工作，稍經打聽便能知道自己工作的性質。然而，微工作把資訊變得難以捕捉，使得工作者沒辦法知道自己的工作內容和目的。孟加拉裁縫師就算不知道哪間公司負責銷售，至少知道自己做的是要給人穿的上衣。上衣的具體用途裁縫師能一目瞭然。相較之下，Clickworker 網站上的接案者通常不知道自己製作出的是什麼。基本上可以說，在裁縫師能看到的每一刻當中，微工作者都是被蒙在鼓裡。

　　之所以會有這情況，很大一部分是因為案件的抽象程度很高，因此不可能聯想出有明確意義的整體內容。不過，更重要的是，微工作網站「像是未知領地上的祕密設施；所知內容少得可憐」。[4] 不像是為福特公司製作的零件、為星巴克沖泡的咖啡，或是客服人員進行的意見調查，微任務案件的產物常以保密為由不對接案者透露。將人聲語音轉碼時，接案者知道自己是在把有愛爾蘭腔調的講者說話內容寫成文字，但很難知道這段錄音到底是要做什麼（例如，要給聊天機器人演算法的資料），或是要怎麼用（例如，將速食餐廳自動化）。這些資訊被利用微工作網站推動機密計畫的大科技公司共謀集團隱藏了起來。

　　Google 利用微工作來承攬美國國防部的「專家計畫」（Project Maven）就是個例證。[5] 在美國軍方和大科技公司之間的眾多祕密協議裡，其中一項便是國防部委託 Google 開發 AI 程式來辨識數千小時的無人機影片，最終目標是要幫助軍方辨識戰場上的目標。程式要發揮效果，就要學習如何區別「建築物」、「人類」和「車輛」等物體。Google 為了要壓低成本並將計畫保密，發包給專做資料注解的微工作網站 Figure Eight（現併入 Appen ）。透過 Figure Eight 平台，接案者用類似進行人機驗證（CAPTCHA）[6] 的方式，辨識出從影

片畫面取得之影像當中的物體，而他們提供的這些資料集將用以輸入演算法。這麼做的同時，接案者在不知情的狀況下幫助國防部官員進行「近即時分析」——「點擊建築物後，便能看見所有相關資訊」。[7] Google 如此匿名作法，外加影片本身性質極為抽象，使得接案者看不出自己的勞務對象和工作內容用途——光從無人機拍攝出的影像來看，無法立刻得知是戰爭工具，只顯現為單純的城市地區畫面。[8]

社會學家團隊發現，為自駕車下注解資料的工作者也不清楚自己工作內容的用途：

有些應答者提到他們所說的「摩托車越野」任務案件中，要辨識出照片中的各種道路，並指出地面性質（石子、公路、沙子等）。有些人覺得是要用在電玩遊戲上，有些人覺得是要用來調查賽道。我們很快便發現，之所以會有這種情況，是因為每個業主對任務和其用途所提供的資訊詳細程度不一，所以接案者常常都搞不清楚。[9]

當微工作網站所提供的科技是用於壓迫目的時（例如專家計畫），這就會是個嚴重問題。舉個灰暗的例子：業主不受強制要講明臉部標記任務（多個平台皆然）是用來訓練臉部辨識的

演算法。軟體依照優生學理論建構而出，用來捕捉人臉並與現
存的資料庫照片比對，目的是要辨識出人和他們的所在位
置，這常常會導致嚴重種族歧視的結果。[10] 都市區域採用最新
的軍事化策略，以臉部辨識技術展開警方對貧窮社區的毀滅行
動，特別是在洛杉磯和上海這種大型監獄城市。洛杉磯警察局
自從二〇〇九年起使用該軟體約三萬次，主要用來幫富裕的飛
地[11] 對抗「幫派犯罪」。[12] 新冠肺炎爆發後，該軟體在各地受
到使用，而最明顯的是在中國城市。表面上是用來追蹤病
毒，但這項科技更實際的用途是追蹤和拘留少數民族。最使人
惶恐不安的是，族群民族主義清洗計畫以這項技術為關鍵手
段，在中國將越來越多維吾爾族族人禁閉在集中營。國有的
「商務平台」阿里巴巴現在提供客戶明確是要用來辨識維吾爾
族人臉的軟體。[13]

　　推動這些威權噩夢的任務案件，對 MTurk 等平台提供給
業主的勞務來說十分重要。[14] 確切地說，亞馬遜很可能在內部
使用該勞務來訓練自己的爭議性軟體 Rekognition，該公司描
述它是用來監管「應關切人士」的工具──語帶含糊而不免引
發負面聯想。[15] 這個軟體授權給多個警察單位，並且向數家安
全局兜售，包含美國移民及海關執法局（Immigration and
Customs Enforcement，ICE），這也進一步表示它的目標對象

是種族性的。[16] 近期 IBM、亞馬遜和微軟決定停止將這些技術
授權給警察單位，主要並非出自於倫理考量，而是在「黑人的
命也是命」（Black Lives Matter）的支持聲量高漲之下權衡公
關風險的謀算。也就是說，一旦支持力量退下來，這些協議就
會重新回到談判桌上。

　　其他公司則持續將軟體授權給美國移民及海關執法局等機
構使用，既無情又無恥，包括 Clearview AI，這家公司光是名
字就很嚇人，意思是「鉅細靡遺」。[17] 最終能帶給這些機構利
益的短資料任務案件，與壓迫行為完全脫勾，因為沒有交代這
些任務與該科技的直接連結，也沒有透露哪些公司授權軟體給
這些機關。既然無法得知這些任務的勞務對象或單位，接案者
一無所知地開發出促進城內戰事和文化滅絕的科技。辛酸且諷
刺的是，使用微工作網站的難民，等於是被迫創造出直接壓迫
自己的科技，在資本主義以機器逼迫工作者服從種族主義結構
的故事裡，這其實算不上新發展，只是更進一步而已。

　　一部分的問題在於這類網站數量和每日接洽工作者的介面
數量繁多，因此幾乎不可能辨識出接案者參與的工作性質。實
際完成工作的平台躲藏在複雜的層層結構之後，而不同角色分
別交由不同網站處理。接案者可能自認為在 YSense 上完成任
務，但其實這個平台只是 Appen 的代理，而 Appen 則是代發

了 Google 的案件。[18] 微工作網站是大公司的墮落打手，為表面「不作惡」的公司隱匿新式撒旦工廠。[19]

供應商管理系統（vendor management systems，VMS）使得本來就晦暗不明的發包鏈更難以參透。[20]這些系統招募工作者，並將他們供應給微軟 UHRS 和 Google Raterhub 等網站，且這些代理商有時擺出自己就是微工作平台的姿態。更讓人摸不著頭緒的是，有些公司如 Clickworker 同時扮演微工作網站和供應商管理系統，不僅代發小型業主的案件，也提供人力給微軟 UHRS 等大客戶。大型平台使用供應商管理系統的時候，常常會連帶簽署保密協議，以避免洩露它們採用微工作的事實。譬如，Google 用供應商管理系統來隱藏 EWOQ 網站上的工作者，該網站是 Raterhub 晦暗不明的前身。[21]如此大費周章隱藏評分者，主要是為了掩蓋用以支應其預測性演算法 PageRank 的祕密，所以採用如同臉書所用的保密協議和供應商管理系統手法來委託管理者，並鞏固自己的演算法堡壘。

隨著世界上貧窮人口被迫協助預測未來的平台擴展財閥勢力，當下勢必變得更不易預測。在黑盒子中運作，等於是讓工作者完全失去平常可在勞動過程曉得自己身在何方的力量。[22]沒有主管，只有演算法；沒有同事，只有競爭者的虛擬頭像；沒有明確的契約要點或是資訊。工作現在處於「未知的未

知」當中，像是牆上的影子遊戲，且會有「黑天鵝」從暗處冒
出，而實際能見到的只剩下眼前的案件。大科技公司潛伏在暗
處，任務案件不清不楚，且帳戶會被關閉，而業主會無預警消
失。在霧裡看花且孤立的情況下，很難得知自己的勞動內容究
竟是什麼、得利對象是誰，這與在對僱主一無所知的情況下試
著自保的狀況是相同的。

因此，工作者成為陰暗演算法的守夜人。他們可能知道訓
練資料從演算法一端輸入後，另一端會用以下決策，卻渾然不
知兩端之間發生的事。[23] 這個灰暗的空間就像是個黑盒子，遮
蓋住具有社會有效性的事物，使得處於運作外部的人們完全無
法透視內容（原因通常不脫權力和保密）。演算法進行決策的
方式被隱藏起來，包含用以判斷的基礎、勞務的對象以及目
的。工作者被當作是演算法的附屬品（提供微調、加強和監
督），每天在這個陰暗的世界度日，既看不見自己勞動的流
程，也無法輕易被外界的人看見。這就是大平台對勞動力的盤
算：不讓工作者看清，且對外界大眾隱藏。

欠缺勞動勢力的工作者

然而，要隱藏的不僅僅是整體勞動過程，也要隱藏工作者

彼此的身分。平台介面沒有向工作者提供通訊服務或是個人檔案。這一方面是要消除抵抗鬥志，另一方面更是要徹底排除傳統上勞動人口能產生聚眾勢力的機會。數千名工作者相互聯繫的話，祕密計畫曝光的風險就會增加。而且，還可能會破除演算法錯覺，因而打斷這些網站能帶來的金錢利益。受到威脅的，無非是利用微工作將接案者偽裝成機器以吸引風險投資的公司。如同伊拉尼所說：

隱藏人力並假裝能用運算程式碼處理一切，人力運算平台打造出由宣稱掌握資料未來的公司所組成的產業。「隱藏人力」是這些新創公司取得投資者青睞的關鍵作法，因此也是讓企業家取得投機但真確獲利的關鍵。投資者若視微工作公司為「**科技公司**」、而非「**人力公司**」，就會投注更可觀的投資金額。[24]

企業名聲、資金流通和科技奇觀組成的交互連結，使得平台得以順利運作；若要使這種交互連結繫於不墜，就必須要把工作者排除到視線之外。無論目的是要取得風險投資或是隱藏機密計畫，微工作都把大公司的骯髒小祕密藏起來。在原本可以看見工作者的地方，卻只看到歡樂的機器慶典、創新發明和亮眼評估的展示。外界只看得見企業家和程式人員表面的優異成

果，看不見資本主義的日常剝削。為了確保這一切能達成，就必須讓工作者彼此隔絕，而且光是海洋和邊界的屏障不夠，還要用軟體介面來分散勞動勢力，不僅業主看不見，就連工作者本身也一樣。

新冠肺炎疫情當前，此手段在遠端工作的加持下越來越穩妥。工作場所外的工作，不論是在客廳或是咖啡廳進行，都完美契合矽谷在過去十年間養成的勞動模式，也就是工作者從不相互碰面或是通訊。這形成亞馬遜和臉書等公司想像的修道院式封閉數位世界的一個面向，當中所有的公民、政治或經濟互動都在舒適居家中透過平台取得。在後疫情世界中，要主張人們彼此之間應該要增加面對面的接觸、而非減少的難度加深。[25] 微工作在勞動市場中使此世界成真，讓新自由派的幻想達到巔峰：一個沒有工會、工作者文化和體制的資本主義——確實，在這樣的資本主義中，沒有任何工作者能驚擾資本。微工作不僅降低工資契約的約束力、模糊專職工作的區隔、限縮工作者能獲得的資訊，還破壞勞動人口能團結起身對抗的勢力，簡直讓資本主義的狂想成真。

資料噩夢

　　現在世界上無業及邊緣化的人，被迫出力協助在自家上空盤旋的無人機以及辨識出自己身分而將自己驅逐出境的鏡頭，這件令人痛心疾首的事情並不出人所料。然而，藏於矽谷之都深處的非正式工作者，還被拿來做另一項泯滅人性的實驗，MTurk 就是其中一例。乍看之下不易得知亞馬遜從該平台取得什麼。它不能算是重大的開發項目，至少在盈利方面看不出來。以任何估算方式來看，平台每年交易取得的總金額，對亞馬遜的年收益來說根本微不足道。若是比較經營網站的成本和從中獲取的利潤，更是啟人疑竇。

　　但若閱讀該網站的工作者條款細則，便能對亞馬遜的真實目的一目瞭然：「貴單位所上傳的案件內容以及從網站接收的工作成品，得以留存下來改善網站品質及本站提供的機器學習相關產品與服務。」[26] 多看一眼，便能曉得這些文字傳達出的，其實是一種新概念：平台上每個完成的案件，會自動寄送完成方式的詳盡資料給亞馬遜。儘管 MTurk 看似是勞工仲介，對接案者和僱主之間的交易收取代管費用，但它真正的目的是要提供資料給亞馬遜雲端運算服務。[27]

　　就如同 MTurk 擴展亞馬遜的資料量能規模和涵蓋範圍，

其他許多小型微工作網站也透過資料交易協議讓大平台得
利。Payment 的線上條款寫道：「使用者在回答問題或拍照等
過程所蒐集或產生的工作成品，都將歸為 Payment 所有。」[28]
因為這裡所稱的產品是標記或歸類資料（具共享性的資
源），業主和 Payment 都能同時享有使用權。Payment 單憑
擔任中介角色就能坐收案件的資料內容，這點與 MTurk 相
同。不同的是，MTurk 經營時完全以亞馬遜的利益為依據，
Payment 則是將資料分享給第三方，包含臉書。[29] Payment 利
用該社交媒體網站建立出接案者好友的檔案，並預測當中有哪
些聯絡人可能有意為自己工作。過程當中，可預期到臉書已從
各式各樣的案件接收了豐富的已注解資料。

　　雖然在沒有簽署工作契約的情況下，無法取得其他網站的
隱私條款，但我們可以有把握地猜測 Raterhub 讓 Google 取得
Appen 廣大的勞工資料，而微軟也用 UHRS 獲取 Clickeworker
的資料。針對這點，我們應該要有「資料混雜使用」的觀
念，即資料使用的範圍絕不局限於微軟公司的發案需求而
已。微工作網站要能吸引到像是微軟或是臉書這樣的大客
戶，表示它們認定該網站能不斷提升能力來獲取更豐富且多元
的資料來源，因此在過程當中也加強了客戶本身的該種能
力。資料在網路中有種向心力，因此不斷流向位處中心的大平

台。換句話說，因為網路的本質說穿了就是階層，所以微軟等
公司籠絡越多微工作網站，就能掌握越多資料量。

　　由此看來，支應微工作網站的資金機制之所以會鼓勵有利
大平台的資料操用作法，並不是單純的巧合。為避免負債，
Playment 這類網站會蒐集資料來吸引資金和加強財務狀況評
比，至少要讓風險投資人認為，既然該平台的資料如此豐
富，那它在競爭力、效率和創新性上就會勝於其他單位。[30] 換
句話說，Playment 的財務穩定性主要仰賴的，並非其提供的人
即勞務，而是蒐集到的資料──最終彙整到臉書和 Google 的
資料。

　　從平台的角度出發（這也是眾多大型業主的角度），接案
者的用途比較接近臉書或是 Google 的使用者，反倒不像是領
工資的勞動者。案件成品本身的價值，經常不如產出方式的資
料實用。或許可以主張，這不過是將比較傳統的資料蒐集管理
方式加以擴展，藉此優化組織和工作流程。[31] 由於 MTurk 接
案者提供了作業流程本身的資料（工作者的行為表現、完成任
務的方式、登入的時段和頻繁度，以及案件完成的速度），所
以這些資料能再饋入平台或甚至是諸如亞馬遜倉儲所用的演算
法，因為它們需要足夠的行為資料來有效監管工作者表現。

　　監控用途執行得最狠絕的，就在中國的資料工廠，其使用

的資料標記模式不同於遠端微工作。有幾間城市中的大型工廠
設立於老舊的混凝土科技廠，彷彿是對過去低自動化的憂愁見
證。除此之外，這行業多半是出現於小城鎮和鄉村地區，提供
工作給無業的藍領工人；要不是有這份工作，他們就會搬遷到
城市，並可能併入國家源源不絕般的非正式人口。[32] 這些悶不
通風的「資料公司」在全國的數量已經超過六千，且占了好幾
個村莊的就業人口。這些公司很可能會持續擴張，隨著本世紀
邁向公司市鎮或甚至公司大莊園發展，鄉村土地將會變成科技
園，一無所有的移居階級就會被強力束縛在該處。[33] 不同於
Appen 和 Lionsbridge 的遠端接案者，這些中國工作者被關在辦
公室，裡頭令人不耐的狹窄空間像極了客服中心。因為可就近
監控工作者，公司比遠端工作模式更能輕易蒐集到他們的生理
資料。工作者完成諸如標記醫療影像的案件時，公司會記錄該
名工作者的目光和鍵盤打字軌跡等身體移動表現、完成案件所
花費的時間和精準度。管理成了無以復加的緊密盯人作法，不
斷以高細膩度監控工作者的身體反應。由於管理者能用極為精
細的方式對比勞動流程，所以能夠即時將特定的案件交付給表
現優異的工作者。[34] 也因為如此，工作性質很不穩定，強勢的
演算法能輕鬆淘汰掉表現低落的工作者。

　　現代版數位泰勒化（Taylorism）[35]的「演算統治」壓迫情

形，跟二十世紀經濟的管理方式只有程度上的差別。[36] 真正的差異不在於管理，而是在於使用資料以加強機器學習勞務。譬如，巡視每項業主與接案者之間交易的 MTurk，能把短翻譯案件的資料傳輸到 Amazon Translate，即亞馬遜雲端運算服務提供的自動化神經網路機器。亞馬遜只要擔任代管者就能取得這一切資料。由此可見 MTurk 的主要功能：透過低盈利或甚至可能虧本的勞動平台，以交叉補貼方式協助推動亞馬遜物流與軟體的整體商業營運。[37] MTurk 注重的並不是從交易中獲利，而是取得作業流程的資料。

考量到亞馬遜這類公司商業模式廣度的特殊之處，利用工作者來推動機器學習並非無稽之談。從多個方面來看，亞馬遜所做的事情中，許多都與維多利亞時期的資本主義不無二致。工作朝不保夕的勞動者仍大排長龍進入倉庫，不得不忍受長工時貨品包裝工作來盡速製造資本盈餘。但是，與其說亞馬遜是「什麼都有」的百貨業，不如說它是全面的物流系統。如同哈里斯（Malcolm Harris）調侃道：「與其說是追求獲利的企業，亞馬遜的行為更像是計畫經濟。」[38] 大型倉儲、送貨車和亞馬遜商店，其實都是傳輸勞動、財貨和資訊的電腦化物流系統的具象呈現。亞馬遜商業模式的各個面向，都依循著強化運算能力的目的。例如，Amazon Prime 單單虧損，所求的無非

是吸引顧客到平台上留下資料，以便加強它的物流和雲端服務。如同穆迪（Kim Moody）所說：

資訊科技連通物流的各個面向，包含貨品在道路、鐵道、空運、海運上的運送，各式配送和快速出貨設施，以及內部營運。大型資料倉庫或中心是這個實體供應鏈設施的重要關鍵，對於物流及金流的速度和流暢度而言，它也不可或缺。[39]

成為物流業翹楚的過程中，這間公司開發出雲端運算服務，原本用於資料儲存、軟體應用和電腦運算能力的內部服務，後來成為亞馬遜的主要營運收入來源。[40] 現在亞馬遜雲端運算服務是雲端運算的全球領導品牌，對政府提供資料儲存空間、對軍方提供演算能力，並對其他公司提供物流解決方案和機器學習技術。現在越來越多企業和政府仰賴亞馬遜來編管和儲存資料，而所需的設施規模如同實體設施一樣大，包含數量和規模都年年擴增的大型資料中心。[41]

　　如同 Google 的知識壟斷、臉書的「社群產業」，睥睨群雄的亞馬遜物流業顯現出越來越極權的經濟模式。[42] 科技巨擘之間夥伴關係漸增，並且與越來越多的政府機關簽約，都為殘暴的資本主義政治局鋪路，目標是打造以資料決定的社會和

諧，這雖然令人著迷，卻會招致敗亡。[43]我們可以合理推測，在這個想像的未來中，主要的剝削手段不再是薪資關係，而是資料獲取。平台階級把對勞動的仰賴，轉向從日常習慣和動向而來的社交活動。從平台巨擘希望有朝一日能自動化的勞務範圍（倉儲、運輸、人力資源、健康以及金融等不一而足），便能看出未來的雛形。薪資等於被廢除，而業務範圍無所不包的大集團持續擁有和控制生產工具卻不再僱用人，因為人主要扮演的角色，不過是透過日常活動把資料饋入機器。這個想像的未來情景在微工作的世界中盤據不散，而在這世界中，任務案件的相關資料往往變得比任務案件本身重要。透過工作來進行生產活動成為次要的事，但也沒有完全消失。實際上，在不再創造出新工作的經濟體系中，此事地位越來越邊緣，影響了整個社會地景，使得急於求取收入的工作者無時不刻都要做事掙錢。史密斯在文中說道：全球「僕役經濟」（servant economy）儼然成形，「將會使商業主義對眾人的日常生活無孔不入，就連抗拒都成為犯罪行為。對待免費彼此親吻的人，就要像是十九世紀對待盜獵罪犯那樣。」[44]

　　微工作者在不知情或是不情願的狀態下，進行會許諾上述世界的任務案件。這些預想不是憑空猜測，而是我們悲慘勞務工作的停滯經濟所映照出的景象。居中主導的是日趨威權的國

家與市場關係，且在近年找到忠誠的輔佐宰相——AI 產業。
AI 產業的特質讓人聯想到中國，該國隨處可見的臉部辨識、
生物識別和個人裝置追蹤等多項壓迫手段，都助長了獎勵順從
與懲罰顛覆的社會信用制度。

　　當然，矽谷自身也不乏威權傾向。計算機科學家亞爾文
（Curtis Yarvin）、嗜血的 PayPal 共同創辦人泰爾（Peter
Thiel），以及原型法西斯政客班農（Steve Bannon），一夥極
右派人士聯合起來追隨新反動主義（neoreactionary）[45] 預言家
蘭德（Nick Land）的思想。蘭德的理論作品大致上依循加速
主義（accelerationist）[46] 的傳統，得意地預測拜 AI 所賜，資本
會在「失穩過程」中完全脫離人類生活。[47] 在這個噩夢般的情
境中，資本與勞動的對立狀況將因資本的宰制地位而隱沒消
失。這些想法設下了新反動主義得以滋長的環境，將民主視為
自動化社會順利運作的仇敵，且主張要以商業高層君主制度取
代民主國家。這些想法即便聽起來異乎尋常，對矽谷菁英而言
卻非不入流，反而如戴爾—維特福爾德（Nick Dyer-
Witheford）等人所說「屬於 AI 文化氛圍的一環」。[48]

　　就算我們抗拒蘭特起勁宣揚的原型法西斯式噩夢宿命
論，在經濟停滯的情況下，自動化持續一步步進展（儘管速度
緩慢），仍會造成不少人的嚴重慘況。原本應更加受人敬重的

矽谷菁英，心中所圖的就是這塊構築於他人痛苦之上的樂
土。負責建造這個未來的人，偏偏是Appen、Playment 和
MTurk 的接案者。在以處理資料和強化演算法實現自駕車及
智慧城市時，接案者暗藏的角色卻是要消滅自己與其他人的工
作。他們處理的資料推動了用來取代速食店員的聊天機器、取
代送貨員的運送機器，以及即將替代工廠員工的熄燈自動工
廠。他們監督的演算法讓監工和管理者變得多餘。Google 和
臉書都清楚表明，內容管理者的最終角色，就是自動化自己的
工作。[49] 如此一來，微工作者扮演了加速勞動力供過於求問題
的悲劇性角色。如今，貝納納夫和克萊格（John Clegg）沉重
說道：「過剩人力是否能被吸收的議題，已不再有爭論。此時
此刻這些人力只剩被管控的份：進到監獄被隔開、在貧民區和
難民營受邊緣化……還有被戰爭消滅。」[50] 現在難民、囚犯和
失去專職工作的受災者受法律強制或被情勢所逼而從事微工
作，也就是使他人也成為過剩人口的掘墓工作。肯亞達達阿布
營區收容的難民、芬蘭監獄的囚犯、鐵鏽地帶的無業工人，全
都是被迫製造更多過剩人口的過剩人口。

第 5 章

無薪抗爭

那麼,有沒有可能把摧毀自己就業根基的工作者組織起來?回答時,最好要把問題放大來討論:數量不斷增多的非正式工作者、計日臨時工和「微創業家」,是否具備足夠能動力來形成如同先前勞動階級運動規模的勢力?暴動、野貓罷工(wildcat action)[1]以及騷亂都是過剩人口長期以來間斷發生的抗爭活動。繼馬克思後,多人撰文警告這個無時不刻都在發生的抗爭可能會落入反動的圈套。[2]他們表示,「社會底層者」必須要組織起來,不然恐怕會引發「地獄業火政治」。[3]在巴西總統波索納洛(Jair Bolsonaro)、印度總理莫迪(Nahendra Modi)、川普等新法西斯邪術士把持政治下,今日業火正猛烈燃燒,就像日趨下流的中產與一無所有者再次如往昔般結盟,且越來越多人轉向反動勢力尋求安定和希望所顯示的。在二十一世紀的生活中,暴動和反抗行動越來越頻繁發生,也讓城市火光四起。從聖地牙哥的公車和車站發生縱火事件,香港、厄瓜多以及伊朗連連爆發動亂,到明尼亞波利斯(Minneapolis)和洛杉磯警察局窗戶被煤煙燻黑,前途無光的人拿出儷人氣勢使黑夜燃起熊熊大火。

於是,代價如下:生活悲苦和漂泊不定的人在缺乏組織下,只得被反動力量牽著鼻子走,或是在經濟體系的邊緣間斷發起暴動。實在難以想像這些龐大的過剩人口能重新回歸資本

市場，因此事態更加嚴重。當新自由派的氣數已盡，用來解決
過剩人口的策略便朝向馬爾薩斯（Thomas Malthus）[4]的悲觀
方向發展。為了減緩貧民窟、戰爭和負債慢慢帶來的末日，以
及現在氣候災難快速造成的劫難，一個拜死邪教（death cult）
的共識已下論，只要在金融、企業或是工作前加個「微」字就
好。這種萬事都能靠科技解決的陰暗思想，透露出矽谷和華爾
街億萬富翁的利益盤算。這些只是開空頭支票，並非真正設法
讓悲苦群眾重獲正常人的生活。本書揭露微工作能創造「工作
機會」和增進「技能」的承諾虛假不實，且類似的假承諾更是
不勝枚舉。

　　可以合理推測，這些承諾可以解釋群包網站為何沒有出現
大型停工、資料破壞或是擾亂演算法的行動，只有不吭不響的
群眾，使得將過剩人口視為返祖現象的解釋像是搞錯了。因
此，令人不禁懷疑微工作留有擾動資本的餘地。顯然，罷工行
動會影響整個體系──只要參與的成員夠多。一旦風險投資的
資金進不來，AI 計畫就無法進行，演算法則會做出不良判斷
和犯下危險錯誤。就算是在規模較小的情況下，內容管理者罷
工也會立刻讓使用者動態出現暴力和色情圖片。

　　但這點程度的擾亂在成氣候前就會被擺平。臉書沒能阻止
川普總統利用該網站來煽動種族暴力，於是一群員工決定罷

工；為了表示站在與他們團結的立場，內容管理者寫了以下訊
息，道出自己面臨的風險：

我們也想跟你們一起罷工──前提是臉書允許這件事。身為外
包的承攬人員，保密協議禁止我們公開談論我們所做的事，以
及我們在醒來的時時刻刻所見到的內容……。與臉書的正式員
工不一樣，礙於保密協議，面對必然會出現的工作相關倫理挑
戰，我們既不能提出疑慮，也不能參與公眾討論。我們也想要
跟你們一起罷工──問題是沒有這個餘裕。此時此刻，內容管
理者在網路、平台或是經濟方面都缺乏保障（尤其是在疫情之
下，我們的分工被切割得很細，並在遠端模式下受到嚴密監
控），因而無法採行有效的罷工行動，要不然就可能得承擔罰
則、犧牲收入，或甚至被剝奪在生活和工作的國家居留的權
益。[5]

法律規範和軟體採行的制度將真人替代為虛擬頭像、利用關閉
帳號來平息衝突，或是用保密協議將使用者封口，受到如此拘
束的工作者備受壓力而無法採取行動。在製造和運送人貨的過
程越普遍使用 AI 的話，資本就越禁不起資料流受擾亂。但越
是讓機器學習占據勞動過程，並透過監控和遊戲化方式來緩解

對立，就越不會遭遇擾亂問題。演算法的控制遍及勞工行動而不給一點喘息機會，因此群眾的高聲吶喊便化為軟體程式碼的悠悠哼聲。

　　這種活力低落的情況不是微工作者專有，卻彰顯出現今勞工運動普遍存在的沉寂現況；現行體系不再像是戰後時期那般仰賴勞動，因此他們無力起身抵抗。工業成長衰頹，議價能力削弱，工會號召力縮減，就如桑德斯（Bernie Sanders）、柯賓（Jeremy Corbyn）提早告終的民主行動所顯示，能夠造就大型工黨的必要條件（即便如今其所仰賴的勞工運動欠缺威嚇力）已經消失殆盡。平台填補了勞工權力撤出的空缺，並重申資本對勞動的宰制，彷彿回到了早期工業化的時代。誰也不得不認定這種「晚期資本主義人類檢傷分類」已經塞住勞工的所有道路。[6]

沒有工會的聯合體

　　微工作者的特性是供過於求、被排除在外、屬於非正式部門，有沒有薪資倒是其次，因此不管是定義較寬鬆的勞工協會，或是典型的組織化勞動力體制，微工作者對勞工籌組者而言都是個大挑戰。從微工作的國際地理分布，到平台採用的過

剩人力庫，一切都讓籌組一事遇上重重困難。工會按月或按年
的參加模式，面臨微工作屬於暫時性質的問題——每天都有接
案者新加入，卻不一定久留。微工作者和業主之間的所謂
「契約」只持續幾分鐘，或有時只有幾秒鐘，所以工資變化幅
度大，讓人可能負擔不起加入工會的應繳費用。

　　就算在財務方面籌組工會可行，但工會招收成員通常要求
專業或專職身分，微工作明顯不符合。接案者沒有明確的專職
工作、領域部門或是行業類別，只有低成長經濟中常見的各種
鬆散零工。一些新工會在灰暗情景中帶來光明，例如大不列顛
獨立工作者聯盟，因為它在招收成員時看的是非固定契約，而
不是專職身分。但就算這些工會是常態而非特例，微工作的勞
工通常身在貧民窟、難民營、監獄和殖民地，工會力量鞭長莫
及，而且在這些地方籌組工會可能會引發危險，或甚至被視為
犯罪行動。

　　就算在較不極端的空間，躲在臥室和咖啡廳的工作者也見
不著彼此，而且可以組織他們的機構也看不見他們。工作者在
地理上分散，很難或根本無法聚到同個實體空間。在得以對勞
動平台發揮作用的行動中，在城鎮中心會面是組織動員的基本
守則。對 Deliveroo 發起行動的主要籌組者坎特（Callum Cant）
解釋道：

Deliveroo 再度增加勞工供給量……。更多騎士開始每晚都工作，但訂單數量不變。這表示我們工作變少、賺的錢變少，並且更長時間待在中央待命區。每當送完貨在休息時，我們就能認識同事。我已經習慣正要動工前，會跟一群五到三十人之間的工作人員一起在騎士待命區等待。[7]

藉由大量供給勞動來規訓工作者的作法，只會讓原本四散的勞動人口凝聚在一起，並且形成組織動員所需的根據地。這種當面聚會在布來頓（Brighton）、倫敦、南安普敦（Southampton）、紐卡斯爾（Newcastle）、牛津等處的英國城市引發許多野貓罷工。[8]但是，難以想像每天只以虛擬頭像在線上相見的人，能夠發起如同這類一連串的事件。組織力量所仰賴的，正是微工作網站避免形成的公眾空間，且不只是地理位置造成的區隔，軟體設下的邊界也限制工作者互相接觸。

　　這樣的阻隔讓組織只能在不盡理想的線上論壇籌辦。TurkerNation 和 MTurkGrind 的使用者以及託客主題的 Reddit 討論串，舉辦的都是小型、非對立型的行動，例如為一同接案的同事募款。[9]這些行動在鎖定特定網站的結構時會有最大效果。為了要反擊單向的評論系統，託客也開發了 Turkopticon 網站及外掛程式以遮蓋接案者的螢幕，讓他們能寫下對業主的

評論並即時發布。[10]光是這個工具的存在（讓業主知道自己會
受到評分），本身就能嚇阻竊薪等不正當行為。但縱使這個外
掛程式能約束業主行為，目的並不在於改變平台本身。就算它
顯現工作者有能力集體組織，卻不太能當作大量動員的工
具。這個外掛程式是用來調整業主的行為，而不是釋放勞工權
力，所以發揮的用途是體制內改革，而不是顛覆式革命。

　　如同其他抑制資本肆虐的舉措，要求平台改善行為的嘗試
一樣效果有限。二〇一一年有場行動，讓 MTurk 的接案者寫
信給貝佐斯要求加薪和加強網站功能。這些信件目的是要讓貝
佐斯和全球各地知道「託客不僅是活生生的人類，還應當獲得
尊重、公平對待和公開交流的機會」。[11]其中一封信明確告訴
首席執行長：「我是人，不是演算法。」[12]

　　這場行動由「我們是發電機」（We Are Dynamo）這個論
壇舉辦，它目前是託客唯一一項成功籌組的行動。「我們是發
電機」是工作者為自己設立的論壇，在它有限的營運期間，成
員能發布活動提案並對其他提案投票，讓工作者能對廣受支持
的建議採取動員行動。根據設立者所言，目標是要「召集夠多
群眾來發起行動──沒有工會的聯合體」，用來替代向來忽略
該網站或無法有力代表使用者發聲的傳統勞工機構。[13]

　　可惜「我們是發電機」好景不常。這網站仰賴 MTurk 來

驗證新會員是否為真正的「託客」。一旦亞馬遜察覺此事，立刻就將「我們是發電機」帳號關閉，讓論壇不再能有新會員加入。[14]「我們是發電機」遭擊潰的速度如此之快，顯示接案者集體組織的嘗試勢必徒勞無功。

　　寫信行動仍是託客唯一成功的行動。雖然有效吸引媒體關注平台工作者（算是邁出了未來更堅實行動的第一步），結果卻只是對接案者是群真實存在的人一事做出呼籲，沒有將他們組織起來。這場行動的限制，反映出原子化分工模式下勞動人口受到的限制，像是被迫以非正式的線上方式會面，且因為沒有足夠力量或是金錢所以行動無法持久。由此看來，沒有任何抵抗 Playment 和 Appen 行動的原因，自然不在話下。

　　不過，若是因此就認為這樣的手段一無是處未免太過天真，畢竟它們至少喚醒了共同的集體抗爭意識。當傳統工會的策略明顯無法克服數位世界的挑戰，只好以論壇和外掛程式來推動新型的工作者結盟，縱使要面對帳號遭停用、慘遭負面評比和受保密協議懲戒的威脅。至於這些結盟方式能否將新興的數位戰鬥力發展成真正的運動，結果還有待觀察。

無薪抗爭

　　新期盼不脫一個舊問題：無法發起運動的接案者該訴諸什麼行動？一個答案是暴動。在當前這個成長停滯和金融化積累（financialized accumulations）的時代，克洛弗（Josha Clover）主張：「**暴動是過剩人口繼以維生的方式**。」[15] 克洛弗認為，若說以生產製造為重心形成積累的年代，也就是從十九世紀至一九七三年，乃是罷工的巔峰時期，那麼在受到金融和物流業主導、人口過剩情形加劇的現在，在組織之外發起暴動的時機已臻成熟。[16] 在二○○八年金融海嘯發生後的幾年，這群生活遭逢劇變的人引發一波波叛亂，從倫敦的暴動到香港和智利的騷動，以抗議勞動需求縮減和物價高漲。這些爆發事件就是法農（Frantz Fanon）所稱的「大地上的受苦者」親身經歷的對抗，也是無組織者與失權者的激烈爆發，行列中滿是無薪生活的代表人物：移民、服刑者以及無業者，他們被棄置在社會邊緣，任憑無情國家壓迫和擺布。[17]

　　克洛弗依照歷史發展區隔罷工和暴動，而前者正逐漸被後者取代；他提出有力的論述，解釋為何微工作通常奈何不了資本。人口嚴重過剩、無薪情形多過有薪，偶爾接到訓練Google演算法案件的難民、貧民窟住民或無業工人，發現自

己握有的力量不是來自平台，而是來自一無所有的群眾的暴
亂。在肯亞的達達阿布，微工作者能獲取的薪資並不穩定，依
照克洛弗的觀點來看，他們是席捲難民營的二〇一一年暴動的
主要推手。[18] 菲律賓接案者難靠微案件維生的困境，或許在聖
羅克（San Roque）暴動中吐露出他們的心聲。[19]

　　不過，克洛弗以整體式權力集團（monolithic power bloc）
的模式設想無薪抗爭的處境是錯的。就他看來，暴動**是**我們所
處時期的歷史主體：「暴動四處尋求過剩人口，並以他們為擴
張的基礎。」[20] 但這種觀點恐怕否定了被資本視為過剩之人本
身的能動性。儘管有些人確實無以抗拒地步向暴動，但還是要
強調全球過剩人口之中，並沒有整體式主體或是單向的發展趨
勢。事實上，過去幾十年來，無業和次就業的多個派眾組織起
來發起行動，而且不只曇花一現。因此我們有充分理由相
信，這些抗爭活動可以作為被迫在線上求取工資者未來行動的
參考。

　　在無法直接對生產造成衝擊的情況下，眾多失業的工作者
再次利用封堵的關鍵手法來打斷財貨和人力的流通。這手法是
一九九〇年代中期阿根廷失業工人的攔路者運動（Piquetero）
所帶起的風潮，他們圍堵布宜諾斯艾利斯的主要幹道，迫使政
府為市區窮人和無業者提供更佳的福利。[21] 二十一世紀，全球

各地的失業工人都經常使用這手法,無論是被開除的俄羅斯建築工人擋住進城道路以要求發放救濟金,或是孟加拉坦蓋爾區(Tangail)的失業工人在新冠肺炎疫情下堵塞當地高速公路以獲取糧食。[22]

非正式工作者也如同無業人士般,採用堵塞和封鎖的方式來達成目的。印度次大陸上,人力車夫常用人車堵住通道要求改善市場條件。二○一九年,達卡眾多車夫封住大片市區,抗議在該市的多個都更投機計畫裡,有個預定地禁止人力車通行。達卡市交通嚴重壅塞後,當地機關迅速取消禁令。[23] 從這種非不得已才退讓的作法,可看出國家經常蔑視非正式工作者,就算認定他們有能力把城市交通塞得水洩不通。拉丁美洲也在類似的情況下對數百萬名拾荒者放行,讓他們在面對著新自由主義衰退下的生態沉痾時,可以翻找垃圾維生。現在許多城市為了對抗氣候危機而號召這些拾荒者,但他們只有在組織動員和採用垃圾堆封路法後,才取得法律的認可。[24] 洛杉磯的街頭攤商向市政機關長期抗戰時,也是用這種招式來獲取最基本的法律保障。

除了比方說汽車或石油業這種分工極細的情況外,以上行動通常不發生於生產層次,而是再生產層次。阿加瓦拉(Rina Agarwala)在一份探討印度非正式部門組織動員情況的精闢研

究中，顯露這些勞動人口往往不是要求直接的加薪，而是福利、規範和權利這種財貨的去商品化。[25] 非正式工作的本質（工作者常常沒有僱主或是契約），表示工作者通常是針對國家提出訴求。他們之所以能成功，常常是運用阻礙城市人貨流動的方式逼迫政府退讓。不僅是印度，其他國家也有這種情況。巴西的流浪工人運動（Homeless Workers' Movement，MTST）透過策略性方式阻擋私有住宅的通行，並占據荒廢土地給居住環境宛如貧民窟般的人，以阻止新的投機開發案。這個運動擾亂房產市場，推動政策改變以將城內一無所有者的利益納入考量。此例中，被排除在國家與市場聯合勢力之外的人起身提出異議，並（在一定程度上）贏得他們對城市的權利。

這樣看來，不難想見這些手法在平台經濟中的新一波抗爭也沒有缺席。當平台將城市裡非正式部門的運作邏輯和參與者帶到積累的核心，他們提出的訴求和採用的策略，想當然耳反映出「自僱」攤販、人力車夫和送貨員的訴求和策略。

其中最顯著的動亂，發生在面對新冠肺炎嚴峻疫情的拉丁美洲。二〇二〇年七月，聖保羅五千名送貨員發起包圍該都會的創紀錄罷工，成為至今一大反平台資本動員行動。[26] 送貨員俗稱「騎仔」，用輕型機車送貨，城市需要他們付出勞動，卻

又老是嫌棄這群人。許多騎仔來自聖保羅貧民窟的非裔巴西族群，他們每天都面對被當成免洗人力的問題，不僅工資低而難維生，還可能遭遇車禍或是攻擊的殘酷命運——事故層出不窮，因此現在城市裡吊掛起白色的「亡靈機車」來悼念喪命者。[27] 聖保羅的非正式部門龐大，總會有更多騎仔取代馬路亡魂。如同在 MTurk 或 Playment 上找工作的人，他們每天的工作橫跨正式和非正式部門，從替不特定客戶傳遞訊息到為 UberEats 和 iFood 送貨皆有。

隨著美食外送平台擴展勞工供應來源，將現存員工的地位降到預備人力，於是罷工行動也蔓延到南美洲的智利、阿根廷和祕魯。[28] 這些人沒有事先策畫，而是臨時起意地發起非正式勞工運動，越來越多送貨員聽聞社群媒體或是口耳相傳的消息也來到他們的匯聚地。隨著城市中其他不同部門的一無所有者出面響應，工作者與無工作者融合在一起，成為憤怒不滿的集團。在聖保羅（行動的市區核心），人車排出大陣仗堵住了橋梁和賣場以阻礙貨物進出，把原本針對幾家公司的罷工變成封堵整座城市。

這些送貨員仿效拉丁美洲和印度次大陸非正式工作者採用的策略，阻礙人貨流通以癱瘓各城市的經濟活動，催促政府用法規管控他們工作的平台。至於其他平台罷工，更把目標直接

放在逼使國家管制經濟。例如二〇一八年開普敦和二〇一九年孟買的 Uber 司機罷工，要求油價調降。[29] 因為接案者必須要自行購買關鍵勞動工具（Uber 司機必須自己提供車輛和買油），所以他們的訴求焦點通常在於物價。開普敦的 Uber 司機多次阻擋主要幹道以提出訴求。巴黎的司機也運用類似手段堵住城市機場的出入通道，而倫敦的司機則是擋住西敏寺（Westminster）和倫敦交通局辦公室的出入通道，抗議危及司機生計的氣候政策。[30]

　　類似的陳情和訴求也可能促使微工作者採取行動。如同 Uber 司機和非正式部門的送貨員，工作期間能源供應出狀況是很大的困擾；微工作者要自行購買筆電、手機並支付使用網路和電力的費用。萬一難以承受這些負擔（像是電費飆漲或是網路連線不良），那麼微工作者可能會集結一起上街抗議。

　　當然，反抗方式會是阻礙資料流通的數位封堵行動。這不免令人懷疑：對於成束以太（aether）所構成的數位資本來說，封堵實際上長什麼模樣？就算一大群標記資料的工人捶壞鍵盤和滑鼠墊，還是有眾多工作者很可能繼續留在崗位，預備好接替罷工者的工作。人力庫不受地理位置局限（如 Uber 和 Deliveroo 網站的接案者），而是遍布於網站營運的各個國家，通常擁有數百萬名接案者，且人數持續增加。除非人力庫

中絕大多數的人都響應行動，不然只會讓多出來的任務案件落
到不配合的少數人手上。

　　正如其他非正式部門無產階級者所採取的行動，微工作者
要想辦法有效擾亂流通，而且不能僅是減少人力。因此，將目
標鎖定在破壞任務案件是必要的手段，實際作法從大量棄置案
件到長期且大範圍「破壞機器」不一而足，而後者這個舊時的
手段可能會導致準叛亂的組織動員。十九世紀英國紡織業的
「盧德派」（Luddites）激進份子，「一直臨界於祕密革命目
標的邊緣」。[31] 數位領域中，這種「破壞機器」手段可能只是
一種譬喻修辭，因為毀壞資料跟維多利亞時代砸毀紡織機全然
不同。大量擾亂資料任務案件比較像是封堵，暫時阻礙資料的
流通，而不是真正毀損資料。畢竟，資料不像紡織機，不僅具
分享性、無處不在，還能無限複製。然而，在當前由演算法統
帥的秩序中，總會有人嚮往這種無政府式的破壞行動。但如同
其他線上行動，要有極大量的人共同參與，才不會讓個別工作
者遭到追究。盧德派份子蒙面喬裝，並在夜色的掩護下著手砸
毀機器；相較之下，「破壞」演算法並不能這樣蒙混過關。[32]
工作者受到緊密監控，平台一察覺就能當場制止行動。

無薪運動？

　　線上接案的勞動人口就像其他行業工作不穩定或無薪的
人，一樣被當成免洗工人且工作零碎，沒有立即獲得救贖的方
法。

　　對於堵住市區垃圾場的拾荒者、行動面臨後繼無力問題的
騎仔，以及還沒開始展開運動的微工作者來說，最好的反抗機
會在於拉攏更多盟友。影響全球眾人命運的無薪生存之道拋出
一個重要提問：薪資邊緣人能否如工業社會中的勞動階級組成
強而有力的運動？同樣地，社會主義抗爭的前景不明，除非這
個群體中的眾人能夠想出新的策略施力處、集結點以及團結網
絡。這個聯盟會涉及由多個地理區、文化和身分所組成的經濟
拼圖，因此有些人認定這注定會失敗。不過，流浪工人和攔路
者等籌辦單位的策略和訴求，為工作者、失業員工和社運人士
描繪出藍圖，以供未來發起更大規模的無薪運動。事實上，如
果要在二十一世紀形成一股反抗資本的聯合勢力，有鑑於越來
越多人淪為飄零族或冗餘人口，那麼，運動發起者將會是無薪
者，而非受薪者。

　　這種聯盟絕非必然會存在。北半球都會核心大學畢業生經
手的任務案件，可能跟被迫擠進貧民窟、被關在弱勢族群破敗

集中區或遺留在廢棄鐵鏽地帶的人一樣，但他們個別的維生機率視國籍和種族而定，且這個差距將隨危機發展而日益擴大。其中一端是記者梅森（Paul Mason）所稱的「連網個體」（networked individuals），指國際大都會中身分多變而低度就業的服務業工作者；另一端則是因國家不景氣而產生的冗餘群體。[33] 各國人士都在爭求報酬較高的案件，且工資價格的競爭不分國界，因此工作經驗通常不會交流共享。這麼一來，平台的系統速度慢卻很多人搶著要做，工作難找的問題日益加劇而引發不滿，於是越來越多反動勢力把氣出在弱勢勞工身上（婦女、移民和少數民族），使他們淪為資本失靈的代罪羔羊。

　　但是，正是為了要預防一無所有者再度成為「被反動密謀收買的工具」，無薪者必須站出來組成更大的聯合勢力，包含低度就業的柏林服務業人員與聖保羅棚屋貧民區的卑微無產工人。[34]

　　那麼，要怎麼做才能重拾早被遺忘的國際勞動者結盟？他們現在其實已形成無薪的「無勞動階級」，因為對導致全面貧窮化和地球崩壞的體系的共同鬥爭而相繫。這種結盟運動或許聽起來遙不可及。然而，為了達成國際結盟的最終目標所需的初步小型串聯、體制和訴求，歷史早已提供我們許多寶貴方

向。

一　無薪串聯

　　在無業問題迅速竄升的時期，容易催生出明確以組織失業工人為目標的運動。第一次世界大戰結束後，是失業致貧的高峰期，這時英國多數大城市都有越來越多無業者占據大樓、封堵道路，並對當地政府機關發起強硬的對峙行動。這些騷亂起初類似於我們今日所見的暴動，但後來在英國共產黨引導之下，成為更大規模、更長久的組織，即「國家失業工人運動」（National Unemployed Worker's Movement，NUWM）。[35]在國家失業工人運動籌辦之下，間歇爆發的衝突被串聯成一九二二年全國絕食遊行。接下來，該運動的參與人數攀升至大約十萬人。隨著英國的經濟危機來來去去，參與數量也上下波動，並在失業人口擴增的大蕭條時期陡然大增。但一九三七年失業人數再度下滑，運動便幾乎停擺。

　　國家失業工人運動把難掌控的動亂整編成持久的抵抗力量，後人在今日也能夠仿效這些作法。串聯有很多型態，通常都是要強化其他部門一無所有者採取的行動。國家失業工人運動在雪菲爾（Sheffield）和格拉斯哥（Glasgow）社區成功動員大眾抵抗不斷惡化的無住處問題，除了阻止法警強制民眾搬

遷,也定期把被下令搬遷住戶的家具搬到無人樓房置放,藉以
對貧民窟地主示威。[36] 國家失業工人運動也和一些工會串聯強
化罷工行動和解決紛爭。與他們立場一致的政治力量也出面平
息社會底層中較激烈的反動份子,對他們實行反法西斯教育和
行動,像是分發〈法西斯的危害與失業者〉(Fascist Danger
and the Unemployed)宣傳小冊子給成員。[37]

　　雖然運動在英國共產黨「失落的世界」產生,並且仰賴一
定程度的強悍先鋒來爭取成員和組織行動,但領導者通常還是
來自失業人口,通常是已在工會籌組中初試身手的工程師。[38]
雖然現在應該要將類似串聯列為要務,但必須採取不一樣的形
式。光是憑藉「失業」身分所建立的運動,太過仰賴單一人口
群體的走勢。因此運動的命運受到善變的勞動市場左右,當新
經濟展開並擴展到新的市場中,(即使只是勉強)滿足了他們
對於「工作」和「安定」的訴求,運動便會隨失業人數縮減而
解散。此時成長遲滯且經濟回穩卻沒帶動就業,危機爆發後的
失業高峰潮把無業人口驅散,併入各種新的次就業狀態,使得
非正式部門中的低薪工作永久增加;換句話說,失業現象並沒
有真正消失,而是藏在不穩定工作、低度就業和薪貧現象的各
種形式之中。從此以後,失業和次就業被當作不同的政治問
題,而非勞動需求降低的平行表現,然而,這種看法相當不正

確。因此，要針對比「失業」更多樣的身分來籌組串聯，才能
聚起所有被剝除工資的人。

　　這種身分能從巴西流浪工人運動中獲取參考。如同先前所
述，這個運動想要聚集所有在改善居住條件方面有共同抗爭目
標的人，「工作者、勞工、非正式工作人員、低度就業者和失
業者」全都涵蓋在內。[39] 雖然名義上流浪工人運動要為成員爭
取正規住處，但其實也串聯了聖保羅的貧窮族群到各個政治陣
線上對抗國家和資本。[40] 合理住房的訴求給了一無所有者能夠
串聯的目標，也立下共同抗爭的著力點，想必能觸動到騎仔和
微工作者的生存本能。

二　無薪者中心

　　若要形成更廣大的聯盟，被薪資放逐的人需要在罷工或抗
議之外的場合有實體聚會空間。工人中心是個辦法，能讓四散
的困苦者和一無所有者聚首。在美國各地，從事計日工作的移
民以工人中心作為交流空間（「沒有工會的聯合體」），供那
些從國外被募集來擔任廉價勞力、隨後就被趕到國家邊緣的人
使用。阿波斯托利迪斯（Paul Apostolidis）在書作《時間作
戰》（*The Fight for Time*）中，詳細討論了作為非資本主義社
會性的工人中心，它們讓原本因競爭和易變輪班模式而分隔不

同處的人，能夠「相互扶持、友好生活」。[41] 目前光是美國就
有超過兩百間工人中心，目標從給予建議到提供空間來策畫反
僱主行動都有。如同工人中心的服務對象，它們本身也是非正
式的，不像政府機構受到意識型態的限制，也不像工會只讓特
定職業身分的勞動人口參加。因此，這些中心能夠（而且經
常）在政治上教育非正式工作者。

　　中心能為非正式工作者建立共同紐帶，且不僅是計日臨時
工，連同騎仔、面紙販以及線上接案人也都無疑能涵蓋其
中。無產階級中的這些群體往往活在被市場推動的唯我主義之
中，沒有意識到他人也同樣面臨類似的生存困境。舉例來
說，在微工作極為密集的地區，像是印度的德里、卡納塔卡邦
（Karnataka）和馬哈拉施特拉邦（Maharashtra）的中心，都可
以提供比線上論壇的孤獨飛地更有意義且持久的往來模式。[42]
世界各地能親自面對面的實體中心，透過線上空間而能與其他
中心相互聯繫，也能營造更廣的運動所需要的交流空間。

　　除了提供政治教育以外，中心也能藉由提供長期被資本忽
視者相互協助與支持，轉而採取較基進的態度。中心能提供食
物、服務和住處，讓傳說中的社會主義理想── 兩重政權
（dual power）──再度有實行的可能。兩重政權因涉及列寧
所定義的蘇維埃（soviet，工人代表會議），[43] 在今日的團結

網絡和互助團體發展上沉潛了好一段時間。而團結網絡和互助團體往往受到資助者利益或「服務供應者」期望的限制，因此避免政治化。不過，一旦相互協助結合了政治教導和動員，便能開始動搖市場，擺脫那套市場完全管轄人類需求與欲求的陳腐學說。兩重政權獲得充分實現時，「權力移轉到眾人每日尋求實際援助和導引的網絡：這些網絡其實就會成為替代的政府，無須正面衝撞表面看似合法的結構」。[44]

三　訴求

　　近年許多使北半球左派政治想像復活的基進訴求，通常是由薪資邊緣人提出或是發動。這些訴求在新冠肺炎高峰期非常盛行，因為資本暫時休眠，讓它的絕大多數參與者都必須仰賴某種形式的國家支持。被視為過剩人口的族群（因病毒感染或缺糧而面臨死亡威脅），被迫爭取昨日眾人還認為太過基進或已被歷史遺忘的訴求。這些訴求的重點通常放在福利（住居、食物、健康照護和教育），而非薪資調漲，就如同印度等國的非正式工作者，也是轉向關注薪資以外的事。[45]這所隱含的意義，是其中許多訴求要推動的，是個超越薪資的世界。加總起來，這些心力意圖打造的世界是將生活去商品化，並達到接近社會主義的程度。

　　疫情和封城使得世界上眾多困苦至極的人生活變得更艱
辛，於是開始拒付水電費或房租，迫使政府介入發放補助
金。在這個困境中首當其衝的是房市。大流行傳染病遇上物價
上漲、士紳化以及貧民窟所形成的慢燃危機，於是在病毒蔓延
全球的同時爆發眾人付不出房租的問題。面對是要付房租給房
東、還是免於餓死的抉擇，多人乾脆選擇第二個，以求免付租
金或是延後搬遷。接下來，多場罷工席捲英國、美國、南
非、巴西、西班牙、加拿大、法國和澳洲，創下空前紀錄。[46]

　　失去收入也導致越來越多人無法負擔健康照護費用，偏偏
這時相關需求最急迫。西班牙政府下令實施第二波封城行動
後，馬德里的抗議人士呼籲政府提供更平價優質的健康照
護。西班牙東部的巴塞隆納抗議人士舉牌寫道：「增加健康照
護，減少軍人編列」以及「縮減健康照護會害死人」。[47]激烈
程度較低但涵義相同的呼聲也響遍歐美等地。

　　私有化的食品供應鏈和經銷商也無法應付疫情的規模。封
城和對染病的擔憂導致搶購，因此在世界多處，超市就像災難
片中一樣空蕩蕩。許多本就生活艱困的人被迫仰賴互助團
體。在英國，這對國家施加了壓力，必須提供免費的基本物資
給每個家戶。這也進一步引發全民糧食服務的訴求，即為所有
人民提供整週份的足量食物以及免費外送和餐廳。[48]

美國黑人平民佛洛伊德（George Floyd）遭白人警察殺害及多項類似事件發生後，前述訴求中最基進的呼聲變得震耳欲聾。長年來國家迫害和經濟疏忽在黑人身上種下病毒，在佛洛伊德喪命時大舉發作。面對黑人性命死於白人霸權手上的歷史重擔，嚴正抗議和請命活動紛紛爆發，並高呼要裁撤警方經費。這個訴求橫跨大西洋傳到歐洲，然後傳遍全球各地，而被打動的，並不僅止於總被資本代理人掐緊脖子的人。不過，這訴求有機會能做到的，不光只是終結警方暴行而已。創立警察體制的用意，原本是要平息底層人士發起的暴動，以免對私有財產造成威脅，後來它的性質轉變成更直接為經濟目的而服務，鎖定種族歧視下的過剩人口，將他們送入監獄產業複合體。刑事判決打壓薪資，使服刑人變成無薪者，被迫只能收取微薄費用或甚至無償勞動，藉以作為服刑內容。獲得釋放後，他們多半領著較一般人低的薪資，且更不會加入工會和罷工行動。[49]因此，警方和囚犯隸屬於美國薪資體系的內生構成；如同克洛弗簡明說道：「警察製造資本。」[50]

於是，裁撤警方經費的呼聲，可以追索到更早的摧毀薪資結構的潛藏努力，更不用說是現在仍是進行式的家務有價行動。為了釐清訴求，費德里奇（Silvia Federici）後來調整欲傳達的訊息，並放入名為〈**對抗**家務的工資〉（Wage *against*

Housework）的小冊子中。路易斯（Sophie Lewis）激昂表示，重點不在於「清算費用」，為家務勞動爭取基本收入，而是「不斷力抗工資社會。這是種黑色幽默、激起波瀾的反叛立場」，終極目標是讓烏托邦理想成為可能。[51] 裁撤警方費用訴求也是運用類似手法邁向無薪願景。

如此看來，這些可能是越來越多人遭遇基本維生困境而自然產生的訴求：免費健康照護、水電力、住屋、糧食，以及消除不必要的暴力體制。綜合來看，這些訴求揭露了暗藏的烏托邦理想。有些人稱之為「全民基本服務」（Universal Basic Services），也就是要在供應站免費提供人類生存基本所需，而一切決定與管理都必須透過民主。但一無所有者的訴求更深入。他們倡導要給世界上每一個人足夠的教育、健康照護、食物和福利，不光是夠生存就好，還要能成長繁盛。每個訴求都反映出眾人共享的世界一景，打破少數人盡享優勢而多數人資源匱乏的現狀。

把一無所有者的行動和訴求視為具體烏托邦來看待，時候可能還太早，但現在這種想像比過去歷史上任何一個時間點都還要迫切。資本主義從來都不是可靠的體系，充滿緊張和對立，讓它隨時瀕臨崩解。如今，資本主義體系的可能性不論在政治或本質上都相當可議，對生命存在本身造成了脅迫。晚期

資本主義陷入氣候災變和致命大型傳染病的地獄，讓無限成長的承諾失信於人，因為就算矽谷創造出的奇蹟再驚天動地，且股市無限飆漲，眾人生計卻不被當一回事。儘管這個日趨惡意的體系不斷奪走生活的重要支柱，大多數人還是學著去接受，而非起身反抗。不過，我們賴以艱困度日的地球，很快就會變得不適人居。因此我們必須勇於想像。

　　過去十年來，出現許多超越資本主義世界的烏托邦描寫，裡頭鮮少有人認真思索要由誰來催生這個世界。貝納納夫睿智地警告：「缺乏願景的行動很盲目，但光有願景卻不採取行動更是無能至極。」[52]人類總是被教導要主動爭取未來，[53]而我們目前也看到一些未來願景，像是科技烏托邦的「全自動奢華社會主義」以及重視生態和諧的「綠色新政」（Green New Deal），[54]然而，少有人花時間探討歷史能動性的問題，以及將由誰把人類引領到更佳世界的恆久問題。就現在看來，若想復興二十世紀式的勞工運動，似乎不太可能。我們必須另外尋找出路。

　　從本章提及的野貓罷工和封堵行動，可看到新運動萌生的前兆。這些事件顯示未來數十年會有的政治行動特徵。新冠肺炎疫情是否真正引發人類何去何從的壯麗願景，目前還沒辦法下定論。但許多在疫情爆發之際出現的訴求提供了共同願

景，能奠基於此來發起更大型的無薪運動。萬一如此大量被視
為過剩人口的人參與運動還成不了事，那就毫無希望可言。因
此，希望此刻所求助的，正是那些長期變得無望的人。因
為，未來是屬於現在排除在外的人。

```
search btn a spa
  .sf-sub-indicator (c
-cart-menu .cart-icon-wr
ter.transparent header#top
-menu > li.current_page
-menu > li.current-menu-a
l > li > a:hover > .sf-sub
#search-btn a:hover span,#
-menu > li.current-menu-
.icon-salient-cart,.ascend
ortant;color:#ffffff!impo
header#top nav
widget-area-toggle a i
der htter.transparen
```

微工作的烏托邦？

在薪資消失不見的此刻，我們必須想像無薪世界的面
貌。

我們置身的矽谷奇蹟時代不乏未來學，令人不禁感到未來
彷彿是二流的科幻小說作家寫出來的。如同上一章所示，蘭德
法西斯的黑暗啟蒙預兆即是灰暗預想的極端例子。馬斯克
（Elon Musk）想像的焦土烏托邦是離開衰亡的地球，奔往火
星的紅色大地，大膽程度也是不遑多讓。當然，這兩種預想都
不保證帶來無須仰賴工資的世界，而是另一種更糟糕的資本主
義，又或是類似於新封建主義的社會。這些都像是沙漠中的海
市蜃樓，只會讓人深陷絕望。

今日的左派也生產出自己的後資本主義願景家，其中不少
人主張促成更好世界的科技已經存在。[1] 最好的情況下，這些
願景讓我們看見看似空空如也的現在蘊藏著充滿可能性的世
界。最糟的情況下，它們只是列出想要哪些科技的願望清
單。二〇〇八年金融危機爆發後，衰弱的自由派民主國家繼續
端出低落表現佯裝成進展，這些思想也跟著蓬勃發展。

值得寬慰的事實是，我們能從一無所有者的抗爭中找出當
前最清晰的新世界視野。在衰敗體系的邊緣處，閃現著所有人
皆能獲得良好住居、教育和健康照護的世界景象。然而，如果
要讓這些美好幻影成真，就必須要讓上一章所描述的運動壯

大。資本主義社會中，這些景象周期式出現於反體系力量最強的時刻，具體表現為能直接挑戰體系霸權的運動與事件。放在今日看來，一八七一年巴黎公社（Paris Commune）這類事件宛如做夢一般；當年一無所有者發動叛變，期間七十二日把整座城市變成一個自治公社。這股精神在一九六〇年代公社場景重振，也在二〇〇〇年代晚期占領街頭運動時而可見。雖然看似做夢一般，現在這一刻又再次能想像這類活動發生。對於北半球多處來說，今日資本主義帶給大眾的生活處境，簡直就跟十九世紀法國的公社成員經歷到的一樣；多數人整天下來找工作所花的時間比實際工作時間還要長。[2] 若要說兩者之間有何差別，大概是公社成員擁有純粹的想像和組織動員意志。

二〇〇八年起出現的抗爭活動，後續因新冠肺炎的影響而變得盛行，類似於公社的想像再度清晰浮現——羅斯（Kristin Ross）將其稱為「公社奢華」（communal luxury）。[3] 雖然這些情境還沒成為真實的替代選項，但是維生所需不再宰制我們的生活，人人都有充足健康照護、住所、食物和教育的世界想像已開始映入眼簾。這些訴求提供構築新世界的方向，這個世界中有個豐足物質帶來的繁盛社會，且能自由自主地追求知識或表達情意。

很多學者已經探討了二十一世紀繁盛社會所表現出的形

態，像是每個人都能如羅斯所說地發揮「審美涵養」，因此
「世界上不再把人依照是否有餘裕玩文字或圖像遊戲區分成兩
類」。[4] 又或是在知識和情意表達方面較為自由。這不是要空
泛地提出一個不可能實現的幸福美滿世界，而是一種世界的可
能性，讓人在表達情感和欲求時，不流於危險的獨斷規範而遭
受痛苦和被迫服從。我們堅信，如同隆朱（Andrea Long Chu）
所說，「哀傷、自我厭惡、羞愧、後悔」等「負面情感」都應
該被正視為「如同健康照護或食物一樣普遍的人權」。[5] 以更
高層次的物質保障而言，缺乏性別多樣性的宰制局面應該廢
除，讓「性別能夠百花齊放」。[6]

　　然而，大家比較少去思考在「後匱乏世界」中，生產這般
繁盛所須的勞動會展現出什麼面貌。十九世紀博學多聞的社會
學家莫里斯（William Morris）認為，這種秩序必須「要在勞
動自由的基礎上建立社會」。[7] 這不表示完全**免除**勞動。為了
維持後匱乏秩序的運作，還是有些必要的工作存在。當然，
「狗屁工作」就會完全消滅，而單純因成本比機器便宜所以交
給人力的危險苦勞就能自動化。[8] 不過，還是會有為數眾多的
工作機器應付不來，或是必須存在才能維繫人類的社會與生態
關係，維繫人類的快樂和免於異化。高茲提醒我們，工作可以
帶來不同的社群形式，與其他社群形式相互平衡，例如家

庭，因為後者傾向於自給自足。[9]基於以上各個理由，在進行
有關後匱乏社會中自由範疇內容為何的重要討論時，必須明確
考量哪些工作屬於必要，以及要如何安排。

　　用來確保每個人都有糧食、住居、教育和健康照護的必要
勞動，要在社會中平等分配。傳統的支薪工作會公平均分，而
照護和家務勞動不再依照性別區分。婦女不再受到暴力威脅或
逼迫，得要生子並奉獻一生照顧小孩和親人。事實上，任何人
都不應該在維生的萬不得已或政治壓迫下付出勞動。在資源豐
饒的社會中，「必要」不再等同於「被迫」。工作的從事人
員、時間、類型、分量等決策將用民主方式排定。莫里斯在經
典論文《有用工作與無用苦勞》（ *Useful Work versus Useless
Toil* ）中，表示應該設法讓最費力的勞動也能令人享受。如果
要做到這點，就要盡可能消除工作、藝術和玩樂之間的界
線，且勞動內容要多變，一日工作量縮減到只有幾小時。[10]莫
里斯總結說道：「如果我們拿出決心把所有勞動都變得合理且
愉快，我們的整個生活就能像是在度假。」[11]

　　微工作似乎跟莫里斯所說的趣味而有意義的理想工作格格
不入。案件單調、缺乏作業流程，而且收入和職位本身都沒保
障，這樣的工作看起來跟莫里斯的伊甸園式願景背道而馳。但
是，以上好幾個缺點不是內生於微工作，而是因為工資關係讓

工作過程失去滿意度和意義。事實上，微工作帶給工作者的承諾──獨立、彈性且休閒的工作生活──竟與莫里斯提出的工作世界非常相似。在薪資社會中，這些特性常常造成貧窮和工作不穩定，因此打破了承諾。但在無薪社會中，微工作對工作生活的編排，卻反而能提供打動人心的願景，可說是躲藏在我們當前廢墟中的「具體烏托邦」。[12]

　　特別令人感興趣的是，工作者光是在一日之內就可能處理的案件類型，對於思想家莫里斯或馬克思來說，完全符合要讓工作滿足個人與社會需求不可或缺的多元性。微工作依照彈性和獨立的原則進行，並不是因為這樣的特質有益於工作者，而是因為可以讓資本避開對勞工的責任。在有薪社會裡，一日之內為二十名業主辦事，而且扮演二十種不同的經濟角色，並沒有帶來獨立和活力，卻是沉悶而不得不做的餬口之道。但在後匱乏世界中，既然薪資和為薪資而進行的分工都已經消失，沒有理由不讓工作者對必要的少量工作依自己興趣選擇多變內容。

　　即使有點扭曲，但在微工作網站上一日內可承接的形形色色案件，讓我們有個機會可以看看在公社奢華的世界中，勞動是多麼多樣化。馬克思和恩格斯（Friedrich Engels）著名地寫道：

在共產主義社會裡，任何人都沒有特殊的活動範圍，而是都可
以在任何部門內發展，社會調節著整個生產，因而使我有可能
隨自己的興趣今天幹這事，明天幹那事，上午打獵，下午捕
魚，傍晚從事畜牧，晚飯後從事批判，這樣就不會使我老是一
個獵人、漁夫、牧人或批判者。[13]

有礙人類發展的微案件所提供的，是這種願景的扭曲版本，實
際上造成嚴重剝削。然而，它們也讓我們質疑現行體系中以專
職工作冒充為工作的假象。它們也刺激我們重新思索在工作能
切分成微小單位的數位時代中，專職工作的統整性何在。當
然，造成人類心神或多或少損傷的任務案件，不能替代馬克思
不厭其煩一一描述的愜意追求。但要是我們把焦點放在微工作
的組織方式而非實際內容，便可想像馬克斯和莫里斯等人設想
的彈性。雖然許多角色（如工程師、醫療專業人員和教師
等）的工作內容，不像資料處理工作一樣能夠如此細分，但完
成這些角色任務所需的投入時間，還是可以用更公平合理的方
式分配。確實，在無薪社會中，人們還是必須針對某些職業受
訓，但這不會是他們唯一的角色或主要的日常活動，而是其中
之一，還有其他許多活動可參與。我們可以某天早上當醫務人
員數個小時，隔天早上換做農藝，然後在下午寫寫小說。受醫

務培訓的人數會夠多，所以不會有人必須犧牲掉豐富、有意義
的生活來擔任該角色。如同高茲寫道：

每天都要整天做的壓迫工作（像是整理郵件、集中垃圾、清潔
和修理），若分派給全體人口，就能變成多項活動之間的短暫
間隔活動，因此一天只要花十五分鐘來做。如果只要在一年當
中做幾天，或是一生中只做幾次的話，甚至可以成為一種生活
調劑或是樂趣。現在某些農林工作便已如此。[14]

　　在微工作網站的世界裡，不僅每項任務案件的時間縮
短，總共花在工作上頭的時間也跟著減少。這些網站盡可能把
支薪勞動長度壓到最低，因此工作者花較多時間在找工作，而
不是完成工作。所有人都必須仰賴薪資，卻無法把薪資發給所
有人，這種體系在原型上的非理性，不僅在勞動資源使用上效
率低落，也對工作者的身心造成損傷。這種條件下，工作時數
少等於報酬少，因此降低存活的機會。但若有個社會，存活不
再需要靠收入，且所有人都能獲得良好發展所需的工具，那麼
這個問題就不存在。有了科技輔助且擺脫不必要的苦勞，社會
勞動只須花上每個人每天一小部分的時間。可以像微工作網站
一樣，借助機器學習的演算法來計算和分配可做的工作，同時

顧及自由時間和自主性。

　　除了用來減少工作分量，機器學習還能提升工作經驗的品質。運用大數據的回饋基礎設施，能在分配工作時不僅顧及工作者的績效，也考量他們的工作偏好。前面章節提到，在中國資料工廠，機器學習演算法是依照過去表現來判斷應把新案件交給哪些工人；然而，演算法在分配工作時，其實也能改成優先考量個別工作者喜歡和感到興趣的內容。

　　最後，遊戲化未必是種壓迫策略。撇開管理菁英採用這種策略背後乏味的經濟考量不談，我們可以承認，就連今日拿來壓迫人的遊戲化模式，也確實點出了想要讓工作變得更有樂趣和令人享受的渴望。在無薪資的世界裡，Playment 這類公司允諾的活潑勞動，會變成愉悅與遊戲，而非攸關生產力與收益。遊戲化不再用來施加規約、理性化和監控工作過程的系統，而是用來把無聊的工作變得比較不單調；機器不再用來節省勞動成本、鞭策工作者賣力工作以及讓技術員從事非技術苦勞，而是增加工作的趣味。在一定程度上，回饋和積分系統可以取代薪資，激勵人好好工作。積分系統不再用來判斷哪些人有錢賺、哪些人能生存，而是變成軟性的鼓勵手段，以趣味比賽的方式把煩悶的苦差事變得像遊戲。一八八八年，貝拉米（Edward Bellamy）的鍍金時代（Gilded Age）[15] 小說《回顧

展》（*Looking Backward*），刻畫了一個二〇〇〇年的社會主義
烏托邦，裡頭薪資與金錢、不平等和戰爭一併消失。相較於以
殘暴的經濟壓力使人工作，小說中描述的是用道德和榮譽的獎
勵制度作為替代。[16] 微工作網站上已有公開評分系統這種有些
類似的獎勵手段。但是，不同於 MTurk 的「大師資格」讓人
能取得酬勞更優渥的工作，在後匱乏經濟中，這類的榮譽可能
是用來賦予榮銜，以激勵人完成沉悶或是辛苦的工作。

　　因此，平台經濟和它允諾的矽谷樂土，不再只是復甦資本
神話的手段，也是個社會實驗室，可以出人意料地解答我們長
期以來對社會主義想像抱持的疑惑。服膺數位解決主義的平台
經濟，並不關心何時使用（或不使用）決策型演算法。同樣
地，它也沒多花腦筋思考彈性對工作者能帶來什麼好處，又或
是平台能如何提出薪資以外的方式來增強工作者的動力。這些
都是推動任何社會主義計畫時不得不正視的問題。

　　如同先前章節所示，除非能順利納入被視為過剩人口的廣
大群體，任何計畫都注定會失敗。想要發起能帶來一個更美好
世界的運動，就必須提出一個兼顧自由和必要性的願景，不僅
要具備可信度，也要不同於只會加劇痛苦和加速地球衰亡的體
系。對多數人而言，現狀還在可容忍的程度，所以未來才會難
以想像。很快地，難以想像的未來恐怕會演變成無法居住的未

來。應對氣候災難時，資本主義提出的是科技解決主義外加拜
死邪教。臉部辨識鏡頭像是對體系的虛無主義的悲哀見證，建
造目的不是要拯救遭遇氣候災難而流離失所的數十億人口，卻
是拘捕他們；地球毀滅時，聊天機器人也只能含糊地冒出資料
庫裡的制式語句。

　　想像的失靈，只伴隨著矽谷的剝削想像；它創造出沒比完
全無業好過多少的工作形態，藉以壓榨體系中的受害者。在微
工作點出的未來中，工作者主要的角色就是產出資料，並自動
化掉自己的工作。但是，正因如此，微工作也能點出薪資不復
存在的世界，使人不再把生活重心圍繞在工作上，且在工作時
間和內容上有更多選擇。我在此要借用歷史學家湯普森所說的
話再加點修改：世界不會像日出一樣時間到了就出現，而是要
付出努力才能創造出來。[17] 全球各地抗爭數量日益增加，像是
微微亮光逐漸變強。在現行體系妄想以永夜籠罩世界的時
刻，新的黎明開始透出閃耀光芒。

致謝

　　我最先要感謝的是維索圖書（Verso Books）的編輯梅里克（John Merrick），因為你的耐心、關注和支持，這本書才得以誕生。除了梅里克以外，我也感謝每一位對本書付出心力的人，特別是霍利斯（Leo Hollis）和蘭斯勒姆（Duncan Ranslem）。謝謝馬爾登（James Muldoon）、帕斯（Mitch Pass）以及法爾維（Trahearne Falvey），你們仔細閱讀我的初稿讓我能提升稿件品質，並支持我繼續努力下去。我也要向斯特朗（Will Stronge）表示謝意，沒有你一開始的鼓勵和大方協助，我可能就寫不成這本書。謝謝里奇韋（Maisie Ridgway）、辛克萊（Kat Sinclair）、克拉克（Elly Clarke）以及「數位科技閱讀小組」（Digital Technology Reading Group）的所有成員；書頁有許多我們討論內容的蹤跡。特別銘謝西皮爾斯卡（Isabella Cipirska）、威廉姆斯（Paul Williams）以及里

格斯（Sam Briggs），你們經常聽我訴說在寫作過程中產生的疑慮或抱怨，並一路支持我做研究。你們不滅的熱忱深具感染力。我的著作還得到很多人的鼓勵、關心和讀後建議，包含戈登（Richard Godden）、麥克拉納漢（Annie McClanahan）、斯尼切克（Nick Srnicek）、西拉沃（Julian Siravo）、海恩斯（Doug Haynes）、塞西爾（Natalia Cecire）以及貝納納夫。還要謝謝布萊敦讀書俱樂部的漢隆（Katie Hanlon）和麥康基（Matthew McConkey）與倫敦讀書俱樂部的瓊斯（Mike Jones）。也要感謝所有布萊敦之友：凱利（James Kelly）、卡普里奧（Leah Caprio）、斯科特（Rhiannon Scott）、馬斯林（Richie Maslin）、特魯曼（Joe Trueman）、傑文斯（Simon Jeavons）、馬歇爾（Grace Marshall）、隆特（Louie Londt）以及霍爾坦（Marius Holtan）；有你們在，艱辛時刻變得更好度過，快樂時光變得更有意思。我也要感謝老相識：休斯（Tomos Hughes）、沃爾班克（Ruth Wallbank）、亞歷克斯·申頓（Alex Shenton）、席亞拉·申頓（Ciara Shenton）、杜利（Rich Dooley）、切文（Amy Chevin）、布雷（Pete Bray）、休斯（Rhian Hughes）、戈登（Mabli Godden）。最後，在此感謝里奇·瓊斯（Rich Jones）、霍爾福德（Zillah Holford）、托尼·瓊斯（Tony Jones）以及文森（Penny Vincent），這一

路上你們都不斷支持著我。

　　本書獻給我的另一半伊莎，你讓我相信更美好的世界存在。

注釋

導言　土耳其機械人

1　譯注：模控為研究通訊與控制的科學，著重動物體內控制
和聯絡系統與機械和製程的自動控制系統間的相似性。

2　Naomi Klein, 'How Big Tech Plans to Profit from the Pandemic',
The Guardian, 13 May 2020.

3　譯注：指把外來的先進科技物品當成神祇般崇拜。

4　譯注：導言標題的「土耳其機械人」（Mechanical Turk），
又名「土耳其行棋傀儡」，是由真人棋士躲於矮櫃中控制
人偶對弈的偽自動下棋裝置。此即亞馬遜於二〇〇五年發
布的線上群眾外包平台 MTurk 的命名由來。

5　Moritz Altenreid, 'The Platform as Factory: Crowdwork and the
Hidden Labour behind Artificial Intelligence', *Capital and Class*

44(2), 2020.

6　Mike Davis, *Planet of Slums*, Verso, 2006, p. 174.

7　Siddharth Mall, 'Top Playment Players Are Spending More Time on the App Than on Social Media', Linked In, 27 February 2017.

8　見 Sarah O'Connor, 'The Human Cloud: A New World of Work', *Financial Times*, 8 October 2015；Jeremias Prassl, *Humans-as-a-Service: The Promise and Perils of Work in the Gig Economy*, Oxford University Press, 2018；Valerio De Stefano, 'The Rise of the "Just-in-Time Workforce": On-Demand Work, Crowdwork and Labour Protection in the "Gig-Economy"', International Labour Organization, 2016。亦見 'Digital Labour Platforms and the Future of Work: Towards Decent Work in the Online World', International Labour Organization, 2018。

9　'What Is Mechanical Turk?', Pew Research, 11 July 2016.

10　Vili Lehdonvirta, 'From Millions of Tasks to Thousands of Jobs: Bringing Digital Work to Developing Countries', World Bank, 31 January 2012。亦見 'The Global Opportunity in Online Out-sourcing', World Bank, June 2015。

11　譯注：又稱低度就業，指受僱於無法充分發揮最大生產力

的職位，包含工作內容不需工作者具備的高學經歷，工作
安排使工作者常處於閒置狀態，或因兼差的總工時不足而
無法獲取正常工作收入。

12 Mary L. Gray and Siddharth Suri, *Ghost Work: How to Stop
Silicon Valley from Building a New Global Underclass*, Houghton
Mifflin Harcourt USA, 2019, p. xxiv.

13 'Digital Labour Platforms', p. 88.

14 'Platform Work in the UK 2016-2019', TUC and University of
Hertfordshire, 2019.

15 Ibid.

16 'Digital Labour Platforms', p. xvii.

17 豬八戒提供的線上工作從大型計畫到微工作都有，沒有數
據可以得知有多少是真正的微工作。見 'The Global Op-
portunity'。

18 譯注：國際貨幣基金組織、世界銀行以及美國政府，為了
在拉丁美洲降低政府干預、促進貿易和金融自由化所提出
的政策主張。

19 Kotaro Hara, Abi Adams, Kristy Milland, Saiph Savage, Chris
Callison-Burch, and Jeffrey P. Bigham, 'A Data-Driven Analysis
of Workers' Earnings on Amazon Mechanical Turk', *Proceedings*

of the 2018 CHI Conference: Human Factors in Computing Systems, April 2018, pp. 1-14.

20 關於馬克思對利用科技來取代勞工以及相對過剩人口成長的理解，見 Karl Marx, *Capital Volume 1*, Penguin Classics, 1990, pp. 794-800。亦見 Karl Marx, *Grundrisse*, Penguin Classics, 1993, pp. 694-5, 704-6。

21 關於「平台資本主義」更全面的闡釋，見 Nick Srnicek, *Platform Capitalism*, Polity, 2016。

22 Srnicek, *Platform Capitalism*, pp. 43-4.

23 Gray and Suri, *Ghost Work*, p. 38.

24 Lilly Irani, 'Justice for Data Janitors', Public Books, 15 January 2015.

25 關於「全自動奢華資本主義」的闡釋，見 Aaron Bastani, *Fully Automated Luxury Communism*, Verso, 2019。

第一章　矽谷的過剩人力

1 Stephanie Hegarty, 'How Silicon Valley Outsources Work to African Refugees', BBC, 18 June 2011.

2 Ruchi Gupta, 'How Much Does Jeff Bezos Make a Second',

Market Realist, 13 August 2020.

3　Miranda Hall, 'The Ghost of the Mechanical Turk', *Jacobin*, 16 December 2017.

4　外包過程的不透明，使人很難確定這些勞工使用的是哪個平台，不過，一個無人機資料調校平台將工作外包給中東境內勞工的例子，可見 scale.com/drones。

5　Vili Lehdonvirta, 'From Millions of Tasks to Thousands of Jobs: Bringing Digital Work to Developing Countries', World Bank, 31 January 2012.

6　Nicola Croce, 'The New Assembly Lines: Why AI Needs Low Skill Workers Too', We Forum, 12 August 2019.

7　Joel Ross, Lilly Irani, M. Six Silberman, Andrew Zaldivar, and Bill Tomlinson, 'Who Are the Crowdworkers? Shifting Demographics in Amazon Mechanical Turk', *CHI EA '10: CHI '10 Extended Abstracts on Human Factors in Computing Systems*, April 2010, pp. 2863-72.

8　關於「裸命」的原初使用，見 Giorgio Agamben, *Homo Sacer: Sovereign Power and Bare Life*, Stanford University Press, 1998。

9　關於監獄產業複合體的透徹檢視，見 Ruth Wilson Gilmore, *Golden Gulag: Prisons, Surplus, Crisis and Opposition in*

Globalizing California, University of California Press, 2007, pp. 113-15。

10 Leilah Janah, 'The Virtual Assembly Line', Huffpost, 26 May 2010.

11 Dave Lee, 'Why Big Tech Pays Poor Kenyans to Teach Self-Driving Cars', BBC, 3 November 2018.

12 Ed Garstein, 'Sharp Growth in Autonomous Car Market Predicted but May Be Stalled by Rise in Consumer Fear', *Forbes*, 13 August 2018.

13 Angela Chen, 'Desperate Venezuelans Are Making Money by Training AI for Self-Driving Cars', *MIT Technology Review*, 22 August 2019.

14 Ibid.

15 John Burnett, *Idle Hands: The Experience of Unemployment 1790-1990*, Routledge, 1994, p. 170.

16 Leilah Janah, 'How Online Work Can Save America', *Tech Crunch*, 21 February 2011.

17 Frank Snowden, *Naples in the Time of Cholera*, Cambridge University Press, 1995, pp. 35-6.

18 Alex Nguyen, 'Six Weird Crowdsourcing Tasks from Amazon

Mechanical Turk', Lionsbridge, 21 January 2019.

19　'World Bank Promotes Microwork Opportunities for Jobless Palestinians', World Bank, 26 March 2013.

20　Angela Chen, 'Inmates in Finland Are Training AI as Part of Prison Labour', The Verge, 28 March 2019.

21　Ibid.

22　Deborah Carey, 'Microwork: A New Approach for Labour Disparities', *World Mind*, 9 December 2016（譯注：「鐵鏽地帶」指的是美國自一九八〇年代起工業衰退的地區，主要由五大湖區城市群組成）。

23　Lilly Irani, 'Justice for Data Janitors', Public Books, 15 January 2015.

24　Karl Marx, *Capital Volume 1*, Penguin Classics, 1990, p. 794.

25　這類主張的一個例子，可見 Aaron Bastani, *Fully Automated Luxury Communism*, Verso, 2019。

26　Aaron Benanav, 'Automation and the Future of Work - I', *New Left Review*, September/October 2019, p. 15.

27　譯注：指大量生產、大量消費的市場經濟模式。

28　Robert Brenner, *The Boom and the Bubble*, Verso, 2002, pp. 12-20.

29 Ibid.。亦見 Larry Summers, *Secular Stagnation*, Penguin, 2019。

30 譯注：一九四四年至一九七三年，世界多國加入以美元為
    國際貨幣中心的貨幣體系。

31 譯注：成員含美、加、英、法、德、義、日。

32 Brenner, *The Boom and the Bubble*, pp. 18-20.

33 Benanav, 'Automation and the Future of Work - I', p. 17.

34 此處關於製造業在全球 GDP 占比的資料來自世界銀行二
    〇一九年的報告。

35 Marx, *Capital Volume 1*, pp. 794-5.

36 'Misery and Debt', *Endnotes*, April 2010.

37 這類主張的一個例子，可見 Carl Benedikt Frey, *The Technology
    Trap: Capital, Labor, and Power in the Age of Automation*,
    Princeton University Press, 2019, pp. 246-8。

38 'Misery and Debt'.

39 關於「資本主義積累的絕對規律」（absolute general law of
    capitalist accumulation），見 Marx, *Capital Volume 1*, pp. 798-802。

40 這類主張的一個例子，可見 Nick Srnicek and Alex Williams,
    Inventing the Future: Postcapitalism and a World without Work,
    Verso, 2015。亦見 Bastani, *Fully Automated Luxury Communism*。

41 關於梭羅生產力悖論的討論，見 Jack Triplett, 'The Solow

Productivity Paradox: What Do Computers Do to Productivity?', *The Canadian Journal of Economics* 32(2), 1999。

42　見 Brenner, *The Boom and the Bubble*。

43　Aaron Benanav, 'Automation and the Future of Work - 2', *New Left Review*, November/December 2019, p. 121.

44　Robert Rowthorn and Ramana Ramaswamy, 'Deindustrialization: Its Causes and Implications', IMF, September 1997.

45　Srnicek and Williams, *Inventing the Future*, p. 91.

46　來自 OECD 二〇二〇年的報告。

47　Aaron Benanav, 'Precarity Rising', *Viewpoint Magazine*, 15 June 2015.

48　Olivier Blanchard et al., 'European Unemployment: The Evolution of Facts and Ideas', *Economic Policy* 21(45), 2006.

49　Jason E. Smith, *Smart Machines and Service Work: Automation in an Age of Stagnation*, Reaktion Books, 2020, p. 76.

50　Anna Syed, 'Changes in the Economy since the 1970s', UK Office for National Statistics, 2 September 2019.

51　William Baumol, 'Macroeconomics of Unbalanced Growth: Anatomy of the Urban Crisis', *American Economic Review* 67(3), 1967, pp. 415-26.

52 Smith, *Smart Machines and Service Work*, p. 122.

53 見 Guy Standing, *The Precariat: The New Dangerous Class*, Bloomsbury, 2016。亦見 Mariele Pfannebecker and James Smith, *Work Want Work*, Zed, 2020, p. 60。關於「次就業」的原初使用，見 Thomas Vietorisz, Robert Meir, and Jean-Ellen Giblin, 'Subemployment: Exclusion and Inadequacy Indexes', *Monthly Labor Review* 98, May 1975, pp. 3-12。

54 Walter Hanesch, 'In-Work Poverty in Germany', European Social Policy Network, 2019.

55 Ivor Southwood, *Non-Stop Intertia*, Zero Books, 2011.

56 Jess Staufenberg and Jon Stone, 'Revealed: The High Street Firms That Used Benefit Claimants as Free Labour', *Independent*, 31 July 2016.

57 Leigh Claire La Berge, 'Decommodified Labor: Conceptualizing Work after the Wage', *Lateral* 7(1), Special issue: Marxism and Cultural Studies, Spring 2018.

58 Ibid.

59 關於「去商品化」的原初使用，見 Gosta Esping Andersen, *The Three Worlds of Welfare Capitalism*, Polity, 1990。

60 La Berge, 'Decommodified Labor'.

61 Gilmore, *Golden Gulag*.

62 Phil Neel, *Hinterland: America's New Landscape of Class and Conflict*, Reaktion Books, 2018, pp. 69-70.

63 'More Than 60 Per cent of the World's Employed Population Are in the Informal Economy', International Labour Organization, 30 April 2018.

64 Mike Davis, *Planet of Slums*, Verso, 2007, p. 175.

65 關於「工資狩獵採集者」更完整的界定，見 Jan Breman, *Wage Hunters and Gatherers: Search for Work in the Rural and Urban Economy of South Gujarat*, Oxford University Press India, 1994。

66 Davis, *Planet of Slums*, p. 178.

67 'Walmart's Global Track Record and the Implications for FDI in Multi-Brand Retail in India', UNI Global Union, March 2012. 關於大公司向家庭服飾雜貨舖下單，近期的例子見 Rahul Sachitanand, 'Battleground Kirana: The Anatomy of India's Raging Retail War', *The Economic Times*, 9 June 2019。

68 關於世界銀行如何使用「微型創業家」一詞，見 'Shortening Microentrepreneur Supply Chain through Mobile Technology', World Bank, 10 November 2017。關於世界銀行如何在微工

作的脈絡中使用「微型創業家」一詞，見 Solutions for Youth Employment, 'Digital Jobs for Youth: Young Women in the Digital Economy', World Bank, September 2018。

第二章　人工或人類智慧？

1　Edgar Allan Poe, 'Maelzel's Chess Player', *Southern Literary Messenger*, April 1836。可見 The Edgar Allan Poe Society of Baltimore 網站。

2　Shanhong Liu, 'Revenues from the Artificial Intelligence (AI) Software Market Worldwide from 2018 to 2025', Statista, 7 December 2020.

3　Nick Srnicek, *Platform Capitalism*, Polity, 2016, pp. 39-40.

4　譯注：指晶片上可容納的電晶體數目依指數增長，同時提升性能。

5　Carl Benedikt Frey, *The Technology Trap: Capital, Labor, and Power in the Age of Automation*, Princeton University Press, 2019, pp. 301-3.

6　Ljubica Nedelkoska and Glenda Quintini, 'Automation, Skills Use and Training', *OECD Social, Employment and Migration*

Working Papers, no. 202, 2018.

7　Jason Smith, 'Nowhere to Go: Automation Then and Now Part 2', *Brooklyn Rail*, April 2017.

8　Nick Dyer Witheford, Atle Mikkola Kjøsen, and James Steinhoff, *Inhuman Power: Artificial Intelligence and the Future of Capitalism*, Pluto, 2019, p. 83.

9　Gwyn Topham, 'It's Going to Be a Revolution: Driverless Cars in a London Trial', *The Guardian*, 3 October 2019.

10　Nanette Byrnes, 'As Goldman Embraces Automation, Even the Masters of the Universe Are Threatened', *Technology Review*, 7 February 2017.

11　Simon Chandler, 'Coronavirus Is Forcing Companies to Speed Up Automation, for Better and for Worse', *Forbes*, 12 May 2020.

12　Sasha Lekach, 'It Took a Coronavirus Outbreak for Self-Driving Cars to Become More Appealing', *Mashable*, 2 April 2020.

13　Astra Taylor, 'The Automation Charade' *Logic* 5, 1 August 2018.

14　Ibid.

15　Aaron Benanav, *Automation and the Future of Work*, Verso, 2020.

16　Aaron Benanav, *Automation and the Future of Work*, Verso, 2020, p. 6，引用 Kurt Vonnegut, *Player Piano*, Dial Press, 2006, p. 73 。

17 Mark Graham and Jamie Woodcock, *The Gig Economy: A Critical Introduction*, Polity, 2019, p. 54.

18 見 'Creating Chatbots and Virtual Assistants that Really Work', Appen, 10 September 2019。

19 James Vincent, 'Twitter Taught Microsoft's AI Chatbot to Be a Racist Asshole in Less Than a Day', The Verge, 24 March 2016.

20 'Twitter Improves Search with Real-Time Human Computation', Amazon Mechanical Turk, 9 January 2013.

21 Phil Jones, 'Migrant Labour without Migration', Verso Books blog, 10 June 2020.

22 Lilly Irani and M. Six Silberman, 'Turkopticon: Interrupting Worker Invisibility in Amazon Mechanical Turk', *Proceedings of CHI 2013: Changing Perspectives*, 2013, p. 612.

23 Phil Jones, 'Rethinking Microwork: The Invisible Labour of the Platform Economy', Autonomy, 2020.

24 Ibid.

25 Paola Tubaro, Antonio A. Casilli, and Marion Coville, 'The Trainer, the Verifier, the Imitator: Three Ways in Which Human Platform Workers Support Artificial Intelligence', *Big Data and Society*, January 2020.

26　'Lionsbridge Augments Artificial Intelligence Offering through Acquisition of Gengo and Gengo.Ai', Lionsbridge, 20 November 2019.

27　關於 Google 與臉書內容管理的深度分析，見 Sarah Roberts, *Behind the Screen: Content Moderation in the Shadows of Social Media*, Yale University Press, 2019。

28　'Twitter Improves Search'.

第三章　人即勞務

1　Vili Lehdonvirta, 'From Millions of Tasks to Thousands of Jobs: Bringing Digital Work to Developing Countries', World Bank, 31 January 2012.

2　見 Leilah Janah, 'Give Work: Reversing Poverty One Job at a Time', Portfolio, 2017。

3　'Game-Changing Opportunities for Youth Employment in the Middle East and North Africa', World Bank, March 2011.

4　Franscesca Gin and Bradley Staats, 'The Microwork Solution', *The Harvard Review*, December 2012.

5　'Digital Labour Platforms and the Future of Work: Towards

Decent Work in the Online World', International Labour Organization, 2018, p. 95.

6   Mary L. Gray and Siddharth Suri, *Ghost Work: How to Stop Silicon Valley from Building a New Global Underclass*, Houghton Mifflin Harcourt USA, 2019, pp. 110-13.

7   Adam Greenfield, *Radical Technologies*, Verso, 2017, p. 294.

8   譯注：指僱主拒絕支付員工正當收入，形式多種，主要包括不支付加班費、違反最低工資標準、將正式員工歸為臨時工、非法扣減工資、強迫員工下班後加班、不提供有薪假、完全不支付工資等。

9   Niels Van Doorn, 'From a Wage to a Wager: Dynamic Pricing in the Gig Economy', Autonomy, 2020.

10   Juliet Webster, 'Microworkers of the Gig Economy: Separate and Precarious', *New Labor Forum* 25(3), 2016, p. 58.

11   Gray and Suri, *Ghost Work*, p. 90.

12   'Digital Labour Platforms', p. 74.

13   Melinda Cooper, 'Workfare, Familyfare, Godfare: Transforming Contingency into Necessity', *South Atlantic Quarterly* 111(4), 2012, p. 646.

14   Nancy Fraser, 'Behind Marx's Hidden Abode', *New Left Review*

86, March/April 2014.

15 Sylvia Federici, 'Wages against Housework', in *Revolution at Point Zero*, PM Press, 2012, p. 16。在二十世紀，許多社會運動做出有力的論據，主張只把「工作」約縮為有薪的活動，等於是將相當多的勞動活動排除在外，不把從事這些活動的人當作「工人」。換句話說，薪資或許不是衡量何謂「工作」的最佳標準。最明顯的，就是照護與家務的再生產勞動是無薪的。

16 Kotaro Hara, Abi Adams, Kristy Milland, Saiph Savage, Chris Callison-Burch, and Jeffrey P. Bigham, 'A Data-Driven Analysis of Workers's Earnings on Amazon Mechanical Turk', *Proceedings of the 2018 CHI Conference: Human Factors in Computing Systems*, April 2018, pp. 1-14.

17 Karl Marx, *Capital Volume 1*, Penguin Classics, 1990, pp. 697-8.

18 Alexander J. Quinn, Benjamin B. Bederson, Tom Yeh, and Jimmy Lin, 'CrowdFlow: Integrating Machine Learning with Mechanical Turk for Speed-Cost-Quality Flexibility', Human Computer Interaction Lab, 2020.

19 Veena Dubal, 'Digital Piecework', *Dissent*, Fall 2020.

20 Frank Snowden, *Naples in the Time of Cholera*, Cambridge

University Press, 1995, pp. 35-6.

21 Alex J. Wood, Mark Graham, Vili Lehdonvirta, and Isis Hjorth, 'Good Gig, Bad Gig: Autonomy and Algorithmic Control in the Global Gig Economy', *Work, Employment and Society* 33(1), February 2019, p. 67.

22 Yolanda Redrup, 'Appen to Become Global Leader after $105million Leapforce Acquisition', *Financial Review*, 29 November 2017.

23 Annalee Newitz, 'The Secret Lives of Google Raters', Ars Technica, 27 April 2017.

24 M. Six Silberman and Lilly Irani, 'Operating an Employer Reputation System: Lessons from Turkopticon, 2008-2015', *Comparative Labor Law and Policy Journal* 37(3), Spring 2016, p. 505.

25 關於一九三四年美國大罷工的完整記敘，見 J. C. Irons, *Testing the New Deal: The General Textile Strike of 1934 in the American South*, University of Illinois Press, 2000。

26 Lilly Irani and M. Six Silberman, 'Turkopticon: Interrupting Worker Invisibility in Amazon Mechanical Turk', *Proceedings of CHI 2013: Changing Perspectives*, 2013.

27 Gray and Suri, *Ghost Work*, pp. 85-91.

28 Ibid.

29 E. P. Thompson, 'Time, Work-Discipline and Industrial Capitalism', *Past and Present* 38(1), 1967, p. 90.

30 'Digital Labour Platforms', p. 74.

31 Lauren Weber and Rachel Emma Silverman, 'On Demand Workers: We Are Not Robots', *Wall Street Journal*, 27 January 2015.

32 貝佐斯表示他希望亞馬遜能成為「什麼都有的百貨商店」，見 Brad Stone, *The Everything Store: Jeff Bezos and the Age of Amazon*, Corgi, 2014。

33 關於亞馬遜接受銀行匯款的國家清單，見 'Amazon Mechanical Turk Workers in 25 Countries outside of the US Can Now Transfer Their Earnings to Bank Accounts', Amazon Mechanical Turk, 1 May 2019。

34 Gray and Suri, *Ghost Work*, pp. 124-5.

35 見 Jeremias Prassl, *Humans-as-a-Service: The Promise and Perils of Work in the Gig Economy*, Oxford University Press, 2018。

36 Marx, *Capital Volume* 1, p. 457.

37 Andre Gorz, *Farewell to the Working Class: An Essay on Post-*

Industrial Socialism, Pluto, 1982, p. 99.

38 威廉斯（Raymond Williams） 將文化描述為構成「生活方式」的物質；見 Raymond Williams, *Marxism and Literature*, Oxford University Press, 1986, p. 19。關於 Lionsbridge 資料工作者任務的細膩討論，見 Paola Tubaro, Antonio A. Casilli, and Marion Coville, 'The Trainer, the Verifier, the Imitator: Three Ways in Which Human Platform Workers Support Artificial Intelligence', *Big Data and Society*, January 2020, p. 6。

39 Gray and Suri, *Ghost Work*, pp. xv-xvi.

40 格雷與蘇里用 CrowdFlower 網站當作例子。我則使用 Appen，因為 CrowdFlower 被 Figure Eight 併購，後者不久後又被 Appen 併購。見 Gray and Suri, *Ghost Work*, pp. xv-xvi。

41 Perry Anderson, *The Origins of Postmodernity*, Verso, 1998, p. 85.

42 'Employment in Services (per cent of total employment)', World Bank, reprinted by International Labour Organization, 20 September 2020.

43 Lehdonvirta, 'From Millions of Tasks'.

44 Mike Davis, *Planet of Slums*, Verso, 2006, p. 181.

第四章　掘墓工作

1　關於 Scale 的無人機勞務與該平台操作的國家，見 scale.com/drones。

2　James Bridle, *New Dark Age: Technology and the End of the Future*, Verso, 2019.

3　本書各處使用的《資本論》版本將德文原文譯為「They do this without being aware of it.」，見 Karl Marx, *Capital Volume 1*, Penguin Classics, 1990, pp. 166-7。關於我在此處使用的譯文「They do not know it but they are doing it.」及其脈絡，見 Karl Marx, *Value: Studies by Karl Marx*, trans. Albert Dragtedt, New Park Publications, 1976, pp. 7-40。

4　Trebor Scholtz, *Uberworked and Underpaid: How Workers Are Disrupting the Digital Economy*, Polity, 2016, p. 19.

5　Lee Fang, 'Google Hired Gig Economy Workers to Improve Artificial Intelligence In Controversial Drone Targeting Project', The Intercept, 4 February 2019.

6　譯注：全自動區分電腦和人類的公開圖靈測試，用來驗證使用者非機器人。

7　Ibid.

8　Makena Kelly, 'Google Hired Microworkers to Train Its Controversial Project Maven AI', The Verge, 4 February 2019.

9　Paola Tubaro, Antonio A. Casilli, and Marion Coville, 'The Trainer, the Verifier, the Imitator: Three Ways in Which Human Platform Workers Support Artificial Intelligence', *Big Data and Society*, January 2020, p. 6.

10　見 Christian Sandvig, Kevin Hamilton, Karrie Karahalios, and Cedric Langbort, 'When the Algorithm Itself Is a Racist: Diagnosing Ethical Harm in the Basic Components of Software', *International Journal of Communication* 10, 2016。

11　譯注:「飛地」原指國家境內主權屬於他國的土地,此處用來形容富裕社區。

12　Kevin Rector and Richard Winton, 'Despite Past Denials, LAPD Has Used Facial Recognition Software 30,000 Times in Last Decade, Records Show', *Los Angeles Times*, 21 September 2020.

13　Helen Davidson, 'Alibaba Offered Clients Facial Recognition to Identify Uighar People, Report Reveals', *The Guardian*, 17 December 2020.

14　Alex Nguyen, 'Six Weird Crowdsourcing Tasks from Amazon Mechanical Turk', Lionsbridge, 21 January 2019.

15 Karen Hao, 'The Two-Year Fight to Stop Amazon from Selling Face Recognition to the Police', MIT Technology Review, 12 June 2020.

16 Ibid.

17 Kim Lyons, 'ICE Just Signed a Contract with Facial Recognition Company Clearview AI', The Verge, 14 August 2020.

18 Paola Tubaro and Antonio Casilli, 'Micro-Work, Artificial Intelligence and the Automotive Industry', *Journal of Industrial and Business Economics* 46, 2019.

19 「Don't be evil.」有時也寫為「Do no evil.」，這句諺語曾是 Google 的員工行為準則。

20 Mary L. Gray and Siddharth Suri, *Ghost Work: How to Stop Silicon Valley from Building a New Global Underclass*, Houghton Mifflin Harcourt USA, 2019, p. 16.

21 Ibid.

22 Frank Pasquale, *The Black Box Society: The Secret Algorithms That Control Information and Money*, Harvard University Press, 2016.

23 Pasquale, *The Black Box*, pp. 3-4.

24 Lily Irani, 'Difference and Dependence Among Digital Workers', *South Atlantic Quarterly*, 2015, 114 (1), pp. 225- 34, p. 231.

25 Naomi Klein, 'How Big Tech Plans to Profit from the Pandemic', *The Guardian*, 13 May 2020.

26 見 Amazon Mechanical Turk's 'participation agreement' at mturk.com/participation-agreement。

27 關於「勞工仲介」更廣泛的定義，見 Guy Standing, *The Corruption of Capitalism: Why Rentiers Thrive and Work Does Not Pay*, Biteback Publishing, 2017, p. 209。

28 見 Playment's privacy policy at playment.gitbook.io/legal/privacy-policy。

29 Ibid.

30 Niels Van Doorn and Adam Badger, 'Platform Capitalism's Hidden Abode: Producing Data Assets in the Gig Economy', *Antipode* 52(5), 2020, p. 1477.

31 關於這樣的主張，見 Moritz Altenreid, 'The Platform as Factory: Crowdwork and the Hidden Labour behind Artificial Intelligence', *Capital and Class* 44(2), 2020。

32 Huizhong Wu, 'China Is Achieving AI Dominance by Relying on Young Blue-Collar Workers', *Vice*, 21 December 2018.

33 Ibid.

34 'China's Success at AI Has Relied on Good Data', Technology

Quarterly, *The Economist*, 2 January 2020.

35 譯注：關注分析和優化作業流程的科學管理模式。

36 A. Aneesh, 'Global Labour: Algocratic Modes of Organisation', *Sociological Theory* 27(4), 2009.

37 關於整個平台資本主義使用交叉補貼來當作資料提取的工具，見 Nick Srnicek, *Platform Capitalism*, Polity, 2016, pp. 61-2。

38 Malcolm Harris, 'The Singular Pursuit of Comrade Bezos', Medium, 15 February 2018.

39 Kim Moody, 'Amazon: Context, Structure and Vulnerability', in Jake Alimahomed and Ellen Reese, eds, *The Cost of Free Shipping: Amazon in the Global Economy*, Pluto, 2020.

40 Srnicek, *Platform Capitalism*, p. 62.

41 見 Amazon Web Services, 'Global Infracture', at aws.amazon.com/about-aws/global-infrastructure。

42 Richard Seymour, *The Twittering Machine*, Verso, 2020, p. 23.

43 見 Russell Brandom, 'Google, Facebook, Microsoft and Twitter Partner for Ambitious New Data Project', The Verge, 20 June 2018。亦見 Alex Hern, '"Partnership on AI" Formed by Google, Facebook, Amazon, IBM and Microsoft', *The Guardian*, 28

September 2016。

44 Jason E. Smith, 'Nowhere to Go: Automation, Then and Now Part 2', *Brooklyn Rail*, April 2017.

45 譯注：反對歷史必朝自由啟蒙發展並最終達成自由民主和君主立憲制，而是傾向傳統社會建構主義、君主專制等早期領導模式的回歸。

46 譯注：認為應該加速進行資本主義制等社會進程以產生巨大社會變革，並加快資本主義走向自我毀滅的結局。

47 Nick Land, 'A Quick and Dirty Introduction to Accelerationism', *Jacobite*, 25 May 2017.

48 Nick Dyer-Witheford, Atle Mikkola Kjøsen, and James Steinhoff, *Inhuman Power: Artificial Intelligence and the Future of Capitalism*, Pluto, 2019, p. 157.

49 Davey Alba, 'The Hidden Laborers Training AI to Keep Hateful Ads off Youtube Videos', *Wired*, 21 April 2017.

50 'Misery and Debt', *Endnotes*, April 2010.

第五章　無薪抗爭

1 譯注：無預警、未經工會同意發起的罷工。

2   「流氓無產階級」（lumpenproletariat）是無產階級中最易
     落入反動勢力之手的群體，最具影響力的解釋可見 Karl
     Marx and Friedrich Engels, *The Communist Manifesto*, Penguin
     Classics, 2002, p. 231。亦見 Frantz Fanon, *The Wretched of the
     Earth*, Penguin Classics, 2001, pp. 103, 109。

3   Guy Standing, *The Precariat: The New Dangerous Class*,
     Bloomsbury, 2016, p. vii.

4   譯注：英國人口學家，針對遲早會發生的糧食供不應求問
     題，建議對勞動和貧困階級採用道德限制手段以控制人口
     增長。

5   Fbcontentmods, 'This Is a Message of Solidarity…', Medium, 8
     June 2020.

6   Mike Davis, *Planet of Slums*, Verso, 2007, p. 199.

7   Callum Cant, *Riding for Deliveroo: Resistance in the New Economy*,
     Polity Press, 2019, p. 104.

8   Callum Cant, 'Deliveroo Workers Launch New Strike Wave',
     Notes from Below, 28 September 2019.

9   Niloufar Salehi, Lilly Irani, Michael Bernstein, Ali Alkhatib, Eva
     Ogbe, Kristy Milland, and Clickhappier, 'We Are Dynamo:
     Overcoming Stalling and Friction in Collective Action for Crowd

Workers', *CHI '15: Proceedings of the 33rd Annual ACM Conference on Human Factors in Computing Systems*, 2015.

10 Lilly Irani and M. Six Silberman, 'Turkopticon: Interrupting Worker Invisibility in Amazon Mechanical Turk', *Proceedings of CHI 2013: Changing Perspectives*, 2013, pp. 612-15.

11 Salehi et al., 'We Are Dynamo'.

12 Mark Harris, 'Amazon's Mechanical Turk Workers Protest: "I Am a Human Being, Not an Algorithm"', *The Guardian*, 3 December 2014.

13 Salehi et al., 'We Are Dynamo'.

14 Miranda Katz, 'Amazon's Turker Crowd Has Had Enough', *Wired*, 23 August 2017.

15 Joshua Clover, *Riot Strike Riot*, Verso, 2016, p. 170.

16 見 Clover, *Riot Strike Riot*。除了對暴動與罷工的常見區分，亦即無序與有序、暴力與節制、非法與正當，克洛弗提供了更細膩的闡釋，仔細區分兩者各自的衝突場域（一是流通，一是生產）、核心行動（一是洗劫商店、封堵道路與高速公路，一是破壞機器、阻擾勞動）以及目標（一是修正財貨價格，一是修正薪資價格）。

17 Fanon, *Wretched of the Earth*.

18 'Two Killed as Kenyan Police Try to Quell Riot in Packed Refugee Camp,' UN News, 1 July 2011.

19 Jason Gutierrez, '"Will We Die Hungry?' A Teeming Manila Slum Chafes under Lockdown', *New York Times*, 17 April 2020.

20 Clover, *Riot Strike Riot*, p. 154。在該書〈過剩人口的反叛〉一章中，他不斷將暴動視為歷史主體。亦見 Alberto Toscano, 'Limits to Periodization,' *Viewpoint Magazine*, 6 September 2016。

21 見 Federico Rossi, *The Poor's Struggle for Political Incorporation: The Piquetero Movement in Argentina*, Cambridge University Press, 2017.

22 見 'Workers Left Jobless Block Tangail-Mymensingh Highway for Food', *The Daily Star*, 27 April 2020。亦見 'Unemployed Workers Block Russian Highway', RadioFreeEurope RadioLiberty, 10 July 2009。

23 'Rickshaw Pullers Lift Block from Dhakar Streets', *The Daily Star*, 9 July 2019.

24 Marta Marello and Ann Helwege, 'Solid Waste Management and Social Inclusion of Waste Pickers: Opportunities and Challenges', *Latin American Perspectives* 45(1), 2018.

25 Rina Agarwala, *Informal Labor, Formal Politics, and Dignified Discontent in India*, University of Cambridge Press, 2013.

26 Callum Cant, 'The Frontline of the Struggle against Platform Capitalism Lies in São Paulo', Novara Media, 3 October 2020.

27 Martha Pskowski, '"They Aren't Anything without Us": Gig Workers Are Striking throughout Latin America', Vice, 11 August 2020.

28 Ibid.

29 'Uber, Taxify Drivers Strike over "Slavery-Like" Conditions', Independent Online, 13 November 2018。亦見 Adiya Ray, 'Unrest in India's Gig Economy: Ola-Uber Drivers' Strike and Worker Organisation', Futures of Work, 9 December 2019。

30 見 'Protesting Uber Drivers Blockade Access to Paris Airports', The Local FR, 23 December 2016。亦見 Sanjana Varghese, 'Like the Gilets Jaunes, London's Black Cab and Uber Drivers Rail against Environmental Policy', *Wired*, 1 April 2019。

31 E. P. Thompson. *The Making of the English Working Class*, Penguin, 1991, p. 604.

32 關於盧德派更完整的記敘，見 Thompson, *The Making of the English Working Class*, pp. 605-45。

33 Paul Mason, *Postcapitalism: A Guide to Our Future*, Penguin, 2016, pp. 114-15.

34 Marx and Engels, *The Communist Manifesto*, p. 231.

35 關於國家失業工人運動的出現，可見 John Burnett, *Idle Hands: The Experience of Unemployment 1790-1990*, Routledge, 1994, pp. 255-6。

36 Marcus Barnett, 'Unemployed Workers Can Fight Back', *Jacobin*, 18 July 2020.

37 Wal Hannington, 'Fascist Danger and the Unemployed', National Unemployed Workers' Movement, 1939.

38 Ralph Hayburn, 'The National Unemployed Workers' Movement, 1921-36', *International Review of Social History* 28(3), 1983, p. 286。亦見 Raphael Samuel, *The Lost World of British Communism*, Verso, 2006。

39 Cibele Rizek and André Dal'Bó, 'The Growth of Brazil's Homeless Workers' Movement', *Global Dialogue: Magazine of the International Sociological Association* 5(1), 2015.

40 關於流浪工人運動在抗議巴西世界盃足球賽與彈劾巴西前總統羅塞夫（Dilma Rousseff）中扮演的角色，見 Victor Albert and Maria Davidenko, 'Justification Work: The Homeless

Workers' Movement and the Pragmatic Sociology of Dissent in Brazil's Crisis', *European Journal of Cultural and Political Sociology* 5(1-2), 2018。

41 Paul Apostolidis, *The Fight for Time*, Oxford University Press, 2018, p. 188.

42 見 Rajat Kathuria, Mansi Kedia, Gangesh Varma, Kaushambi Bagchi, and Saumitra Khullar, *The Potential and Challenges for Online Freelancing and Microwork in India*, Indian Council for Research on International Economic Relations, December 2017。

43 譯注：兩重政權為列寧提出的概念，用以描述俄國革命期間的權力畫分，一是工人和士兵的蘇維埃，另一則是持續運作的社會民主派臨時政府國家機器，兩者同時並存且競逐正當性。但蘇維埃將會取代臨時政府，成為新國家權力形式的基礎。

44 Fredric Jameson, *An American Utopia: Dual Power and the Universal Army*, Verso, 2016, p. 4.

45 Agarwala, *Informal Labor*, p. 33.

46 Amy Hall, 'Can't Pay, Won't Pay', *New Internationalist*, 27 May 2020.

47　Angela Giuffrida and Sam Jones, 'Italy to Unveil Lockdown Relief Package as Protests Continue', *The Guardian*, 27 October 2020.

48　Jon Stone, 'Rebecca Long Bailey Calls for National Food Service to Help People in Isolation', *The Independent*, 23 March 2020.

49　Adam D. Reich and Seth J. Prins, 'The Disciplining Effect of Mass Incarceration on Labor Organisation', *American Journal of Sociology* 125(5), March 2020.

50　Joshua Clover, '66 Days', Verso Books blog, 2 June 2020.

51　Sophie Lewis, *Full Surrogacy Now: Feminism against Family*, Verso, 2019, p. 76.

52　Aaron Benanav, *Automation and the Future of Work*, Verso, 2020, p. 99.

53　Nick Srnicek and Alex Williams, *Inventing the Future: Postcapitalism and a World without Work*, Verso, 2015.

54　關於一個完整的綠色新政願景究竟會是什麼樣子，見 Kate Aronoff, Alyssa Battistoni, Daniel Aldana Cohen and Thea Riofrancos, *A Planet to Win: Why We Need a Green New Deal*, Verso, 2019。

後記　微工作的烏托邦？

1　見 Aaron Bastani, *Fully Automated Luxury Communism*, Verso, 2019。亦見 Paul Mason, *Postcapitalism: A Guide to Our Future*, Penguin, 2016。

2　Kristin Ross, *Communal Luxury*, Verso, 2015, p. 3.

3　Ross, *Communal Luxury*.

4　Ross, *Communal Luxury*, p. 22.

5　Andrea Long Chu, 'My New Vagina Won't Make Me Happy: And It Shouldn't Have To', *New York Times*, 24 November 2018.

6　Helen Hester, *Xenofeminism*, Polity, 2018, p. 30-1.

7　William Morris, 'The Hopes of Civilization', in A. L. Morton, ed., *The Political Writings of William Morris*, Wishart, 1973, p. 175.

8　David Graeber, *Bullshit Jobs*, Simon and Schuster, 2018。格雷伯（David Graeber）用「狗屁工作」來形容無意義且被從事者認為無意義的工作。

9　Andre Gorz, *Farewell to the Working Class: An Essay on Post-Industrial Socialism*, Pluto, 1982, p. 102.

10　William Morris, *Useful Work versus Useless Toil*, Judd Publishing,

1919, p. 14.

11　Morris, *Useful Work*, p. 11.

12　見 Ernst Bloch, *The Principle of Hope*, MIT Press, 1995。

13　Karl Marx and Frederick Engels, *The German Ideology*, Lawrence and Wishart, 1999, p. 54.

14　Gorz, *Farewell to the Working Class*, p. 103.

15　譯注：指美國約從一八七〇年至一九〇〇年的時代，此時美國的財富突飛猛進。

16　Edward Bellamy, *Looking Backward, 2000-1887*, Oxford, 2007, pp. 39-44.

17　見 E. P. Thompson, *The Making of the English Working Class*, Penguin, 1991, pp. 8-9。湯普森在論及勞動階級時寫道：「勞動階級並不是像日出一樣時間到了就出現；在它自我創造時，它便已出現。」

國家圖書館出版品預行編目資料

為演算法服務的免洗人力：平台資本主義時代的勞動與剝削 / 菲爾‧瓊斯（Phil Jones）著；陳依萍 譯. -- 初版. -- 臺北市：商周出版：城邦文化事業股份有限公司出版：英屬蓋曼群島商家庭傳媒股份有限公司城邦分公司發行, 民111.06
　面；　公分. -- (Discourse ; 113)
譯自：Work Without the Worker
ISBN 978-626-318-284-4 (平裝)
1. CST: 勞動經濟　2.CST: 勞動問題　3.CST: 自動化
556　　　　　　　　　　　　　　　　　　　111006154

Discourse 113

為演算法服務的免洗人力：
平台資本主義時代的勞動與剝削

原 著 書 名／Work Without the Worker
作　　　者／菲爾‧瓊斯（Phil Jones）
譯　　　者／陳依萍
責 任 編 輯／李尚遠

版　　　權／林易萱
行 銷 業 務／周丹蘋、賴正祐
總 編 輯／楊如玉
總 經 理／彭之琬
事業群總經理／黃淑貞
發 行 人／何飛鵬
法 律 顧 問／元禾法律事務所　王子文律師
出　　　版／商周出版
　　　　　　城邦文化事業股份有限公司
　　　　　　臺北市中山區民生東路二段141號9樓
　　　　　　電話：(02) 2500-7008　傳真：(02) 2500-7759
　　　　　　E-mail：bwp.service@cite.com.tw
發　　　行／英屬蓋曼群島商家庭傳媒股份有限公司城邦分公司
　　　　　　臺北市中山區民生東路二段141號2樓
　　　　　　書虫客服務專線：(02) 2500-7718‧(02) 2500-7719
　　　　　　服務時間：週一至週五09:30-12:00‧13:30-17:00
　　　　　　24小時傳真服務：(02) 2500-1990‧(02) 2500-1991
　　　　　　郵撥帳號：19863813　戶名：書虫股份有限公司
　　　　　　E-mail：service@readingclub.com.tw
　　　　　　歡迎光臨城邦讀書花園 網址：www.cite.com.tw
香 港 發 行 所／城邦（香港）出版集團有限公司
　　　　　　香港灣仔駱克道193號東超商業中心1樓
　　　　　　電話：(852) 2508-6231　傳真：(852) 2578-9337
　　　　　　E-mail：hkcite@biznetvigator.com
馬 新 發 行 所／城邦（馬新）出版集團 Cité (M) Sdn. Bhd.
　　　　　　41, Jalan Radin Anum, Bandar Baru Sri Petaling,
　　　　　　57000 Kuala Lumpur, Malaysia
　　　　　　電話：(603) 9057-8822　傳真：(603) 9057-6622
　　　　　　E-mail：cite@cite.com.my

封 面 設 計／李東記
排　　　版／新鑫電腦排版工作室
印　　　刷／韋懋印刷事業有限公司
經 銷 商／聯合發行股份有限公司
　　　　　　電話：(02) 2917-8022　傳真：(02) 2911-0053
　　　　　　地址：新北市231新店區寶橋路235巷6弄6號2樓

■2022年（民111）6月初版
定價 340元

Printed in Taiwan
城邦讀書花園
www.cite.com.tw

104台北市民生東路二段141號2樓

英屬蓋曼群島商家庭傳媒股份有限公司　城邦分公司

- -

請沿虛線對摺，謝謝！

書號：BK7113　　**書名：**為演算法服務的免洗人力　　**編碼：**

 商周出版

讀者回函卡

線上版讀者回函卡

感謝您購買我們出版的書籍！請費心填寫此回函卡，我們將不定期寄上城邦集團最新的出版訊息。

姓名：＿＿＿＿＿＿＿＿＿＿＿＿＿＿＿＿＿＿ 性別：□男 □女

生日：西元＿＿＿＿＿＿年＿＿＿＿＿＿月＿＿＿＿＿＿日

地址：＿＿＿＿＿＿＿＿＿＿＿＿＿＿＿＿＿＿＿＿＿＿＿

聯絡電話：＿＿＿＿＿＿＿＿＿＿＿ 傳真：＿＿＿＿＿＿＿＿

E-mail：

學歷：□ 1. 小學 □ 2. 國中 □ 3. 高中 □ 4. 大學 □ 5. 研究所以上

職業：□ 1. 學生 □ 2. 軍公教 □ 3. 服務 □ 4. 金融 □ 5. 製造 □ 6. 資訊

　　　□ 7. 傳播 □ 8. 自由業 □ 9. 農漁牧 □ 10. 家管 □ 11. 退休

　　　□ 12. 其他＿＿＿＿＿＿＿＿＿＿＿＿＿＿＿＿＿＿＿

您從何種方式得知本書消息？

　　　□ 1. 書店 □ 2. 網路 □ 3. 報紙 □ 4. 雜誌 □ 5. 廣播 □ 6. 電視

　　　□ 7. 親友推薦 □ 8. 其他＿＿＿＿＿＿＿＿＿＿＿＿＿＿

您通常以何種方式購書？

　　　□ 1. 書店 □ 2. 網路 □ 3. 傳真訂購 □ 4. 郵局劃撥 □ 5. 其他＿＿＿

您喜歡閱讀那些類別的書籍？

　　　□ 1. 財經商業 □ 2. 自然科學 □ 3. 歷史 □ 4. 法律 □ 5. 文學

　　　□ 6. 休閒旅遊 □ 7. 小說 □ 8. 人物傳記 □ 9. 生活、勵志 □ 10. 其他

對我們的建議：＿＿＿＿＿＿＿＿＿＿＿＿＿＿＿＿＿＿＿＿＿

＿＿＿＿＿＿＿＿＿＿＿＿＿＿＿＿＿＿＿＿＿＿＿＿＿＿＿＿＿

＿＿＿＿＿＿＿＿＿＿＿＿＿＿＿＿＿＿＿＿＿＿＿＿＿＿＿＿＿